Journal de ma vie durant la Révolution française

Grace Elliott

Journal de ma vie durant la Révolution française

– Avant-propos –
Éric Rohmer

Les Éditions de Paris

54, rue des Saints-Pères, 75007 Paris

Avant-propos

Parmi les innombrables *Mémoires* écrits sous la Révolution, ceux de Grace Elliott, pourtant exempts *a priori* d'ambition littéraire, tranchent par leur qualité romanesque. Et, plus encore que par leur intérêt historique, c'est par cela, peut-être, qu'ils ont eu l'heur d'inspirer un cinéaste. La découverte de ce texte fut pour moi une véritable aubaine.

En dépit du titre original *Journal of my life during the French Revolution*, il y a là quelque chose de plus que le simple compte rendu des événements, ou même que la réaction de l'auteur à ceux-ci. Nous y avons l'histoire, non seulement des épreuves d'une femme, mais de son *regard*, regard dont le point d'émission dans l'espace ou dans le temps est constamment précisé. La présence de ce regard ne manque pas d'être ressentie, même lorsqu'elle n'est pas nommément désignée, et c'est ce sentiment qui installe le lecteur dans l'espèce de « confort » propre à la narration romanesque.

Dans un vrai roman à la première personne, il ne suffit pas qu'on dise « je ». Il importe que ce je puisse, de temps en temps, déboucher sur un il ou un elle et nous permette ainsi de prendre du recul sur lui, comme il en prend sur les faits rapportés, bref qu'il se donne lui-même en représentation – avec suffisance ou modestie : modestie indéniable dans le cas présent – ou, si l'on préfère, qu'il se mette en scène.

Peut-être aurais-je dû, plus haut, parler de qualité « scénaristique » plutôt que romanesque, si je n'avais craint que le terme ne fût quelque peu réducteur. Mais je crois que si le roman n'avait pas, au XIXe siècle, poussé à la perfection classique l'art du récit, le cinéma n'aurait pu, au XXe, si aisément nous séduire par ses histoires et les faire accéder très vite à la complexité dramatique ainsi qu'à la profondeur psychologique. C'est ce qui rend si difficile de tirer de l'Antiquité un sujet de film, à moins de lui faire subir au préalable un traitement « shakespearien » plus ou moins heureux car l'on m'accordera que la réussite du *Satyricon* de Fellini est due avant tout à sa picturalité et à sa poésie. De sorte qu'on pourrait dire, sans trop de paradoxe : toute mise en scène cinématographique repose sur un roman, même s'il s'agit de faits vrais. La première tâche de l'adaptateur est de fabriquer celui-ci, s'il n'existe pas, ou de le respecter, s'il est sous-jacent, comme ici.

Il est une autre qualité propre au roman, que l'art du cinéma a jugée, pour lui, dès ses débuts, indispensable. C'est ce que les Allemands appelaient, au temps du Muet, la « Stimmung » et qu'on traduit en français conventionnellement par « atmosphère ». Elle fait encore généralement défaut au roman du XVIIIe siècle, et pourtant elle est là, à coup sûr, même discrète dans le journal de notre Anglaise. Elle donne le ton, la couleur, teintant à la fois l'extérieur de la scène et l'intérieur du personnage, établissant entre les deux domaines cette relation précieuse à la quête de laquelle l'homme de cinéma ne cesse de courir quand il peut, comme il le peut.

Témoins ces citations puisées dans deux des moments les plus dramatiques du récit. L'une se situe à l'arrivée de la patrouille qui recherche le gouverneur des Tuileries : « *J'étais alors parfaitement calme, pleine de présence d'esprit et vraiment inspirée par un courage surnaturel ; les flambeaux étaient allumés, le jour commençait à poindre et ma chambre ressemblait plus à une salle de bal qu'au théâtre de pareilles horreurs.* » La seconde, c'est lorsque, des hauteurs de Meudon, le 21 janvier 1793, Grace assiste à distance à l'exécution : « *Le jour de la mort du roi fut le plus affreusement triste que j'aie jamais vu : les nuages eux-mêmes semblaient être en deuil.* » Ce sont surtout ces évocations d'atmosphère – dans ces deux cas précis, même, de lumière – et leurs liens profonds avec les sentiments de la narratrice, qui, plus encore que la trame tragi-comique des péripéties, m'ont incité à porter cette histoire à l'écran. Par une infortune courante en tout travail d'adaptation, ces deux passages-là n'ont pu trouver à leur potentiel cinématographique qu'une expression très imparfaite. Mais ils furent une incitation à chercher ailleurs, à des moments parfois imprévus, une équivalence plus heureuse.

Ajoutons que la conduite du récit est d'une telle précision, d'une telle logique que l'enchaînement cinématographique des séquences est déjà tout préparé. Les dialogues, nombreux, passent avec bonheur du style indirect au direct et vice versa, tout en offrant ce « naturel » qu'on trouvera quelques décades plus tard chez les

Dickens, les Thackeray, les sœurs Brontë, etc. Naturel dont la spontanéité s'émaille, sans dommage, de formules savoureuses et de traits fulgurants : « *Je voudrais pouvoir être à la Convention*, dit Grace au duc lors du procès de Louis XVI, *ôter mes souliers et les jeter à la tête du président et de Santerre...* » Mais la plus belle réussite dans la maîtrise du dialogue est peut-être ce dramatique échange au Comité de Surveillance, avec le député Chabot où, durant plus de deux pages, le crescendo est mené avec un art digne d'un écrivain de métier. On n'y peut retrancher ni ajouter un mot : il n'y a plus pour le cinéaste qu'à recopier tout bêtement.

Si l'on peut citer, en référence, deux illustres écrivains, écossais comme notre narratrice, l'un écrivant au début du XIXe siècle, l'autre à la toute fin, c'est moins du côté de Walter Scott que de Stevenson que pencherait ce journal intime : par la présence, surtout, comme chez l'auteur des *Aventures de David Balfour*, de ces impressions de l'instant, de ces réactions soudaines, de ces décisions surprenantes aussi bien pour celui qui les prend que pour ceux auxquels elles sont contées.

Mais j'arrête mon éloge, de peur qu'il ne se retourne contre l'œuvre, en introduisant un doute sur son authenticité. Certes nous n'avons aucune raison de douter que Madame Elliott n'ait, en 1801, à la demande du roi Georges III, comme il est dit dans la préface de l'édition originale, « *confié au papier l'histoire de sa vie à Paris* ». Mais ladite édition datant de 1859, rien n'exclut que ces souvenirs n'aient été, cinquante ans plus tard, mis en forme à la mode du jour : ce qui expliquerait l'étonnante modernité de l'œuvre. Ce n'est, bien entendu, qu'une supposition et je laisse aux spécialistes de l'histoire littéraire de trancher sur ce point, si tant est que cela en vaille la peine.

Il ne m'appartient pas, non plus, de m'étendre sur la valeur historique de l'ouvrage auquel André Castelot ou Delphine Lever, dans leurs biographies de Philippe Égalité, n'ont pas dédaigné de faire référence. Cela dit, le lecteur tant soit peu ferré sur la Révolution relèvera de flagrantes erreurs de date, les unes imputables aux négligences de la mémoire, comme celle assignant le 2 septembre, et non le 3, au meurtre de la princesse de Lamballe, les autres dues à la nécessité toute littéraire de ménager l'économie du récit. Par exemple, le verdict du procès Louis XVI n'a pas été connu le même jour que le vote du duc d'Orléans, comme il apparaît au cours de la soirée à l'hôtel Saint-Marc, le 19 janvier : les 700 députés de la Convention étant montés tour à tour à la tribune pour exprimer leurs attendus, les votes ont duré plusieurs journées. On pourrait dire la même chose des événements qui ont suivi la trahison de Dumouriez et qui, s'étalant sur une période de quelques jours, sont ici resserrés pour les besoins de la dramaturgie.

Un mot, enfin, sur les deux personnages principaux de la première partie, la seule qui ait été retenue par le film. Grace, nous l'avons dit, sait se mettre en scène avec une grande modestie, sans le moindre exhibitionnisme. On pourrait même regretter qu'elle ne soit aussi discrète sur sa vie sentimentale. Elle laisse supposer qu'à cette époque elle vivait seule, mais rien n'interdit strictement de lui attribuer une liaison amoureuse.

Avec qui ? L'être élu, s'il existe, est-il nommé au hasard de ces lignes ? On chercherait en vain quelque indice. En revanche, elle est un peu moins discrète sur son activité d'« agent secret », pour appeler les choses par leur nom : elle avoue avoir accompli une mission pour la reine et nous la voyons servir de boîte aux lettres aux correspondants du libéral anglais Charles Fox. Ce qui nous entraîne à penser qu'elle était restée plus ouverte aux idées nouvelles que ses propos souvent ultra-monarchistes ne voudraient le faire croire. Mais la Terreur était passée par là, et elle écrivait pour le roi d'Angleterre.

Quant au duc d'Orléans, il apparaît ici sous un jour bienveillant, mais non complaisant et son portrait, bien qu'ici moins favorable, si l'on veut lire entre les lignes, s'accorde, somme toute, à celui que trace son fils, le roi Louis-Philippe, dans ses *Mémoires*. Nous le voyons prendre des risques, en dépit de sa sécurité et de ses convictions, mais aussi trahir sa parole et finalement ne rien livrer de son âme profonde. Cette ambiguïté, loin de nous éloigner de lui, entretient le mystère et confère au personnage une stature romanesque du même ordre – quoique différente – que celle, pour en rester à notre référence stevensonienne, du douteux James More dans *Catriona*.

ÉRIC ROHMER.

Note sur le texte

Le *Journal of my life during the French Revolution* de Grace Dalrymple Elliott fut publié pour la première fois à Londres, au début 1859, par l'éditeur Richard Bentley. On doit cette publication à Miss Bentick, la petite fille de Grace (née du mariage de sa fille Georgina Augusta Seymour avec lord Charles Bentick) ; c'est elle qui « arrangera » le manuscrit et fournira les indications biographiques (parfois erronées) de la préface et de l'épilogue. L'ouvrage sera traduit et publié en français, en 1861, chez l'éditeur Michel Lévy, sous le titre de *Mémoires de Mme Elliott* par le comte Charles de Baillon, avec une postface de Sainte-Beuve. Réédité chez Calmann-Lévy en 1888, le livre connaît ensuite une nouvelle édition (illustrée) chez Fayard, en 1907, intitulée : *Sous la Terreur. Journal d'une amie de Philippe Égalité* (avec une introduction et des notes dues à Maurice Vitrac et Arnould Galopin). La dernière édition française en date est de 1942, aux éditions de Montsouris, sous le titre *Belle Amie* (avec une introduction de Jacques Suffel). Anatole France utilisera un épisode de ce récit (Grace cachant le marquis de Champcenetz sous le matelas de sa chambre pendant une visite domiciliaire, au chapitre IV) dans *Les Autels de la peur.* Les historiens ont pu critiquer ces Mémoires écrits longtemps après les événements rapportés car ils ne sont pas toujours d'une exactitude scrupuleuse en ce qui concerne les dates ou les noms de personnes, et ils empruntent également certains faits vécus à d'autres héroïnes que Grace elle-même : ainsi son « incarcération » à la prison des Carmes (chapitre VIII) relève plutôt des souvenirs de mesdames Meyler et de Jarnac qui y furent effectivement écrouées. Nous avons établi de courtes notes factuelles pour l'essentiel des personnages rencontrés ou cités ici (à l'exception de ceux trop fameux comme Robespierre ou d'autres, à l'inverse, complètement inconnus des biographies).

F.C.

Préface de l'éditeur de la première édition

Le récit suivant de la vie de madame Dalrymple Elliott pendant quelques-unes des scènes les plus terribles de la Révolution française a été composé expressément à la demande, de S. M. le roi George III. M. Dundas, médecin du roi, était aussi celui de madame Elliott ; il rapportait souvent, pendant ses visites à la famille royale, quelques-unes des anecdotes que cette dame lui avait racontées à diverses reprises. Le roi y prit tant d'intérêt qu'il chargea M. Dundas d'obtenir de madame Elliott qu'elle confiât au papier l'histoire de sa vie et qu'elle la lui envoyât. Elle se hâta de se conformer à ce désir, et ce récit fut porté par M. Dundas à Windsor, feuille par feuille, comme elle l'écrivait pendant son séjour à Twickenham, après son retour de France, lors de la paix d'Amiens, en 1801.

Madame Elliott n'a laissé aucun souvenir de son histoire antérieure ; mais l'éditeur a recueilli de la bouche de ceux qui l'ont connue intimement, pendant son séjour en Angleterre à l'époque où elle écrivait ce récit, quelques faits relatifs à sa naissance et à ses premières années, qui pourront intéresser le lecteur. On la représente comme une personne douée par la nature d'une beauté remarquable et de beaucoup de grâce et d'élégance dans les manières ; elle excitait l'admiration de tous ceux qui l'approchaient, tandis qu'elle savait se concilier les égards et l'affection de ceux qui la connaissaient plus intimement. Grace Dalrymple, la plus jeune des trois filles de Hew Dalrymple Esq., branche de la noble famille de Stair et sa plus proche en succession, était née en Écosse vers 1765. Son père, avocat, s'était fait une réputation en gagnant le fameux procès de Douglas et Hamilton, qu'Horace Walpole désigne comme une des plus remarquables affaires de cette époque. Il fut ensuite nommé attorney général à la Nouvelle-Grenade, et quitta sa femme qui était d'une beauté remarquable et fille d'un officier de l'armée de terre. Cette dame revint alors à la maison paternelle, qu'elle ne quitta plus et où elle donna naissance à sa plus jeune fille, Grace Dalrymple. L'enfant fut envoyée dans un couvent de France pour y être élevée ; elle y resta jusqu'à l'âge de quinze ans, puis on la ramena chez son père. Ce n'était pas l'usage alors, comme aujourd'hui, de permettre aux jeunes personnes de prendre part aux réunions du soir. Cependant miss Dalrymple fut admise à l'un des soupers donnés dans la maison de son père. À cette réunion assistait sir John Elliott, et, quoique plus âgé que le père de la jeune fille, il fut si frappé de sa beauté qu'il lui fit une offre de mariage qu'elle accepta immédiatement : consentement aussi inconsidéré que la proposition qui lui était faite. Ce mariage, si peu convenable et si mal assorti, ne fut pas heureux ; il y avait entre les époux une telle différence d'âge et de goûts, qu'il ne put jamais naître aucune affection entre eux.

Grace Dalrymple, désormais madame Eliott, alla beaucoup dans le monde, et son exquise beauté ne tarda pas à lui attirer des admirateurs d'un âge plus en rapport avec le sien. Malheureusement, elle se laissa compromettre dans une intrigue et son mari, après quelques mauvais traitements, s'adressa à la justice pour obtenir un divorce et punir l'auteur de leurs torts mutuels. Le premier but fut facilement atteint, tandis que l'autre se résolvait par un verdict de 12 000 livres sterlings de dommages-intérêts. Pendant ce procès, le frère de madame Elliott l'emmena dans un couvent en France, où il donna pour prétexte qu'elle était sur le point de contracter un mauvais mariage.

Elle resta là jusqu'au moment où elle fut ramenée en Angleterre par lord Cholmondeley. On la présenta alors au prince de Galles, qui avait été frappé de son incomparable beauté en voyant un portrait qu'il avait trouvé par hasard à Houghton. Ses charmes l'avaient rendue si célèbre, qu'il existe d'elle plusieurs portraits dus à d'éminents artistes encore vivants. La gravure de l'un d'eux, par Cosway, orne ce volume, et Gainsborough en fit un autre qui est chez lord Cholmondeley.

Le jeune prince fut fasciné par la beauté de madame Elliott, et des rapports très intimes s'établirent entre eux. Le résultat fut la naissance d'une fille, baptisée à l'église de Marylebone, sous le nom de Georgiana Augusta Frederica Seymour, en présence seulement de lord Cholmondeley et de deux autres personnes.

Pendant le temps que madame Elliott resta avec le prince, elle se trouva mêlée à la brillante société qui l'entourait, et parmi beaucoup d'autres personnes de distinction elle y fit la connaissance de l'infortuné duc d'Orléans, depuis connu sous le nom de Philippe Égalité, et si souvent mentionné dans ses *Mémoires*. Le goût de ce prince pour l'Angleterre, ses habitants et ses institutions, était bien connu, et il était très populaire, surtout dans le, monde élégant et dans les sociétés de chasses et de courses.

Nous ne pouvons indiquer avec certitude l'époque où madame Elliott quitta l'Angleterre pour s'établir à Paris ; ce fut probablement vers l'année 1786. Sa fille fut laissée aux soins de lord et lady Cholmondeley, mais on lui permit de temps en temps d'aller voir sa mère à Paris. Dans ces voyages, elle était toujours accompagnée par une bonne et un domestique de lord Cholmondeley, et ne passa jamais que peu de temps avec sa mère. Le prince de Galles, dit-on, donnait une pension assez forte à madame Elliott, et elle recevait 200 livres sterlings par an de la famille de son mari. Après cette courte notice, nous allons la laisser raconter elle-même son intéressante histoire.

NOTE. Pour compléter ou rectifier certains détails de la biographie de Grace Elliott, notons que la date de naissance indiquée ici (1765) est peu crédible. Après son éducation dans un couvent français près de Lille, Grace revint en Écosse et se maria à l'âge de 16 ans (en 1771) avec le médecin sir John Elliott (1736-1789) : elle serait donc plutôt née en 1755. Une liaison avec Arthur Annesley, vicomte de Valentia, entraîna son divorce en 1774, et la condamnation de celui-ci à verser 12 000 livres au plaignant. « La Grande Dally », comme on la surnommait dans le monde, eut ensuite une liaison avec le marquis de Cholmondeley qui devait commander son portrait à Thomas Gainsborough, en 1777, puis avec le prince de Galles, futur Georges IV (1762-1830). En 1782, elle donna naissance à un enfant qui fut portée sur les registres de baptême comme « fille de S.A.R. Georges, prince de Galles ».

MÉMOIRES DE MADAME ELLIOTT

CHAPITRE I

La révolution éclate.

Le 12 juillet 1789, qui était un dimanche, j'étais allée avec le duc d'Orléans, le prince Louis d'Aremberg[1] et quelques autres personnages dont je ne me rappelle pas les noms, dîner et faire une partie de pêche au Raincy[2], château du duc, dans la forêt de Bondy. Nous revînmes à Paris dans la soirée, avec le projet d'aller à la Comédie-Italienne[3]. Nous avions laissé Paris à onze heures dans le calme le plus parfait, mais en revenant à huit heures, à la Porte-Saint-Martin (où nous attendaient la voiture de ville du duc et la mienne), mon domestique me dit que je ne pourrais pas aller au spectacle, parce que tous les théâtres étaient fermés par ordre de la police ; que Paris n'était que confusion et tumulte ; que le prince de Lambesc[4] était entré dans le jardin des Tuileries, avait mis tout le monde en fuite et tué un vieillard (ce qui était faux) ; que les gardes-françaises et le régiment Royal-Allemand (qui était celui du prince de Lambesc) se battaient en ce moment sur le boulevard de la Chaussée-d'Antin, en face du dépôt des gardes-françaises ; que beaucoup de cavaliers et de chevaux avaient été tués, et que le peuple promenait dans les rues les bustes du duc d'Orléans et de Necker en criant : *Vive le duc d'Orléans ! vive Necker !*

Quand mon valet m'eut donné ces renseignements, je priai le duc de ne pas traverser la ville dans son propre équipage parce que je regardais comme une imprudence pour lui de paraître dans les rues dans un pareil moment, et je lui offris ma voiture. En apprenant ces événements, il parut surpris et affligé ; il me dit qu'il espérait que ce ne serait rien et que mon valet, par peur, exagérait l'état des choses. J'avais cru d'abord que le duc voulait se montrer à la foule, et qu'il avait réellement le projet de se créer un parti en agissant ainsi ; mais je ne vis jamais une surprise moins feinte que celle qu'il montra en apprenant tous ces événements. Il monta dans ma voiture et me pria de le faire descendre au Salon des Princes, club fréquenté par toute la noblesse, où il espérait rencontrer des gens qui lui donneraient des nouvelles. En arrivant au club, nous le trouvâmes fermé par ordre de la police, comme tous les autres dans Paris. Nous donnâmes alors l'ordre à mon cocher de nous mener à Monceaux[5] chez le duc ; mais comme en ce moment les troupes se battaient sur le boulevard, et que le sol était couvert de morts, d'hommes et de chevaux blessés, nous fûmes obligés de passer par le Carrousel et le long du jardin des Tuileries pour arriver à la place Louis XV. Nous la trouvâmes pleine de troupes à pied et à cheval ; elles étaient commandées par le maréchal de Broglie[6] et avaient campé depuis plusieurs jours dans le parc de Saint-Cloud, d'où elles étaient arrivées ce soir-là même à Paris.

Je n'oublierai jamais l'aspect effrayant mais superbe,

que présentait en ce moment la place Louis XV. Les troupes étaient sous les armes, et le silence était si complet qu'on aurait entendu tomber une épingle. On ne permettait aux voitures de passer qu'après avoir pris le nom de la personne qui s'y trouvait. Je donnai le mien, et les chevaux furent conduits au pas à travers les rangs de l'infanterie et de la cavalerie. On n'eut pas la moindre idée que le duc d'Orléans fût dans ma voiture, et nous allâmes directement chez lui à Monceaux ; il était alors à peu près neuf heures un quart.

Le duc, en arrivant, trouva ses gens dans une inquiétude et une agitation extrêmes, parce que personne ne savait au Palais-Royal où il était allé, et que le bruit avait couru dans Paris que ce jour-là même il avait été mis à la Bastille et décapité par l'ordre du roi. Ils lui dirent que tous ses amis et les princes du sang étaient venus à Monceaux et au Palais-Royal pour savoir de ses nouvelles, et qu'ils étaient en proie à une grande inquiétude et une grande consternation. Il ordonna pourtant au suisse de ne laisser entrer personne, excepté le duc de Biron[7], disant qu'il voulait coucher à Monceaux, mais que, si madame de Buffon[8] venait, il voulait la voir. Je lui demandai alors ce qu'il comptait faire ; il me dit qu'il était très indécis, mais qu'il désirait savoir ce qui se passait réellement dans Paris et ce qu'on y faisait, quoique ses gens lui eussent confirmé ce qu'avait dit mon valet. Il pria le prince Louis d'Aremberg de tâcher de voir le duc de Biron, ajoutant qu'ainsi il pourrait être mieux renseigné et savoir la conduite qu'il aurait à tenir cette nuit.

On ne permettait pas aux voitures de circuler les rues de Paris passé dix heures ; mais, comme désirait être seul, je partis à pied avec le prince Louis pour aller chez le duc de Biron. Nous vîmes des groupes nombreux assemblés dans toutes les rues qui avoisinent les Tuileries et la place Louis XV. Comme j'étais très inquiète de la situation du duc et que j'avais un grand désir de connaître l'opinion publique à son égard, nous nous mêlâmes aux groupes où nous entendîmes traiter les deux côtés de la question. Les uns se prononçaient très vivement en faveur du duc, d'autres très violemment contre lui, ces derniers l'accusant de vouloir détrôner le roi. Cette accusation me choqua tellement, que je revins de suite à Monceaux pour lui dire les horreurs dont on l'accusait. Je trouvai madame de Buffon avec lui, et, comme sa politique était différente de la mienne, je demandai au duc de venir dans le jardin où nous nous promenâmes jusqu'à deux heures. Je le conjurai à genoux d'aller immédiatement à Versailles, de ne pas quitter le roi tant que Paris serait dans l'agitation, et de lui montrer par cette conduite que le peuple abusait de son nom sans son consentement et à son insu ; je le priai aussi d'exprimer au roi combien il était peiné de ce qui se passait, car je croyais qu'il l'était réellement. Il répondit « qu'il ne pouvait pas y aller si tard ; qu'il avait appris que les avenues étaient gardées ; que le roi serait couché et invisible à cette heure » ; mais il me donna sa parole d'honneur qu'il irait à Versailles à sept heures du matin.

Nous ne trouvâmes pas le duc de Biron, et le prince ne le vit pas cette nuit-là. Il était allé à Versailles dans la soirée, pensant qu'il y trouverait le duc d'Orléans ou qu'il aurait de ses nouvelles, puisque ce prince avait une maison dans les avenues, outre ses appartements au palais, comme premier prince du sang. Je revins alors chez moi, ma maison était près de la sienne, et j'appris le matin que le duc d'Orléans était allé à Versailles.

Le comte d'Artois[9], le prince de Condé[10] et le duc de Bourbon[11] partirent le lundi ; ils avaient parfaitement raison, car ils auraient été certainement égorgés ; mais ils ne croyaient pas alors, sans doute, quitter leur pays pour toujours.

Ce jour-là, qui était le 13 juillet, Paris ne fut qu'une scène d'émeutes et d'horreurs. Le meurtre de MM. Foulon et de Flesselles[12], prévôt des marchands, est trop connu pour que je le raconte ; je fus assez malheureuse pour avoir à me rendre chez mon bijoutier ce soir-là, et je rencontrai dans la rue Saint-Honoré des soldats des gardes-françaises qui portaient à la lueur des torches la tête de M. Foulon. Ils poussèrent cette tête dans ma voiture, et, à cet horrible aspect, je jetai un cri et je m'évanouis. Si je n'avais pas eu avec moi une dame anglaise, qui eut le courage de haranguer la foule et de dire que j'étais une Anglaise patriote, ils m'auraient certainement assassinée, car ils commençaient à m'accuser d'être une amie du pauvre Foulon, et de vouloir comme lui, à ce qu'ils disaient, que le peuple se nourrît de foin. Je n'essayai pas d'aller plus loin, et je rentrai chez moi à demi morte. On me mit au lit, on me saigna et je fus fort malade.

Peu après je reçus une lettre du duc d'Orléans, qui me priait de me rendre sans retard chez lui à Monceaux, mais je l'envoyai prévenir de ma position. Il vint me trouver immédiatement et fut très alarmé de me voir si souffrante. Je lui demandai alors comment il avait été reçu à Versailles et pourquoi il était revenu sitôt, puisque les États étaient alors réunis au Jeu de Paume et qu'il avait un appartement au château. Il me dit qu'en arrivant il était allé au lever du roi, qui avait lieu en ce moment. Le roi parut ne pas le voir ; mais comme c'était l'usage que le premier prince du sang lui donnât la chemise quand il était présent, le gentilhomme de la chambre l'offrit au duc d'Orléans pour la passer au roi. Le duc s'approcha alors et le roi lui demanda ce qu'il voulait. Le duc, en passant la chemise, lui répondit qu'il venait prendre les ordres de Sa Majesté. « Je n'ai rien à vous dire, répondit le roi avec rudesse. Retournez d'où vous êtes venu. » Le duc fut très choqué et furieux de ces paroles, et, quittant la chambre, il alla aux États, qui se tenaient alors au Jeu de Paume ; il revint le soir à Paris.

Je ne l'avais pas encore vu d'aussi mauvaise humeur ; il dit que le roi et la reine le détestaient ; qu'ils tâcheraient de l'empoisonner ; que s'il voulait jamais rendre service au roi et à la reine, ils ne croiraient pas à sa sincérité ; qu'il ne retournerait plus auprès d'eux, se considérant comme fort maltraité au moment où il voulait réellement être utile au roi, et que s'il avait été bien reçu, les choses auraient bien mieux tourné pour tout le monde, mais que maintenant il était décidé à se créer des amis pour lui-même.

Depuis ce moment, en effet, le duc me parut devenir plus violent en politique, et, quoiqu'il n'ait jamais parlé mal du roi devant moi, je l'ai positivement entendu attaquer la reine avec une violence extrême.

Je suis désolée que la cour ne se soit pas plus préoccupée de la puissance qu'avait le duc, ce qui le blessa cruellement ; car j'ai la certitude qu'en lui montrant alors plus de considération et de confiance, on aurait pu le détacher de son détestable entourage, Talleyrand, Mirabeau, le duc de Biron, le vicomte de Noailles[13], le comte de la Marck[14] et d'autres moins connus. Ce sont eux qui les premiers entraînèrent le duc d'Orléans dans toutes les horreurs de la Révolution, quoique beaucoup l'aient abandonné depuis, quand ils virent qu'il ne pouvait plus servir à leurs projets. Ils le laissèrent alors dans des mains pires que les leurs, en l'entourant de monstres tels que Laclos, Merlin de Douai[15] et d'autres, qui ne le quittèrent qu'après l'avoir plongé dans le déshonneur et mené jusqu'à l'échafaud.

Le vicomte de Noailles m'a dit que c'était lui-même qui avait présenté au duc ce monstre de Laclos[16] et qu'il le lui avait recommandé comme secrétaire. Cet homme fut la cause de tous les crimes qu'on imputa au parti orléaniste, et je suis certaine que le duc se doutait peu de ce qui se faisait en son nom.

Ce prince était un homme de plaisir, qui ne pouvait supporter ni embarras ni affaire d'aucun genre ; il ne lisait jamais et ne s'occupait de rien que de son amusement. À cette époque, il était amoureux fou de Madame de Buffon, la menant tous les jours promener en cabriolet et le soir à tous les spectacles : il ne pouvait donc s'occuper de complots ni de conspirations. Le vrai malheur du duc fut d'être entouré d'ambitieux qui l'amenaient peu à peu à leurs desseins, lui montrant tout sous un jour favorable, et le tenant tellement en leur pouvoir qu'il ne pouvait plus reculer. Ils le menaçaient alors de l'abandonner, s'il ne consentait pas à toutes leurs mesures.

Je puis affirmer que le duc n'eut jamais l'idée de s'emparer du trône, quels qu'aient pu être les projets de ses factieux amis : s'ils avaient pu le faire roi de France, ils auraient sans doute espéré le gouverner lui et le pays tout entier, et ils étaient capables de toutes les horreurs pour arriver à ce résultat. À l'exception du duc de Biron (et encore il était trop mené par Talleyrand), il n'y a jamais eu une réunion de misérables pareille à celle des soi-disant amis de l'infortuné duc : ils prétendaient agir pour le bien de leur pays au moment où ils complotaient sa ruine totale.

Tels furent les gens entre les mains desquels la cour abandonna le duc : je dis abandonna, parce que je suis persuadée qu'au commencement, en lui montrant attention et confiance, ils auraient pu le tirer des mains de ces intrigants. Il était trop puissant pour ne pas être ménagé. Pourquoi ne l'ont-ils pas cru ? Ils auraient épargné le sang de la malheureuse famille royale et peut-être auraient-ils sauvé l'Europe des effroyables catastrophes qu'a entraînées cette horrible Révolution française.

Le duc d'Orléans était très aimable, très bien élevé et du meilleur caractère possible, mais l'homme le moins fait au monde pour devenir le chef d'un grand parti. Ni son esprit, ni ses talents, ni même son éducation ne le rendront capable d'une position si importante, et j'ai longtemps espéré que son cœur se révolterait à la pensée de faire tomber son pays dans une si cruelle anarchie. Ses facétieux amis s'en aperçurent enfin, car ils ne purent jamais l'amener à partager aucun de leurs projets ; quelques-uns d'entre eux furent assez heureux alors pour faire leur paix avec la cour, laissant l'infortuné duc aux mains des misérables qu'ils avaient placés auprès de lui et qui s'adjoignirent d'autres misérables, qui n'eurent de cesse qu'ils ne l'eussent poussé à sa ruine totale et au déshonneur.

Je regrette d'être obligée de dire tout cela, car je connaissais le duc d'Orléans depuis des années et il a toujours été bon et aimable pour moi, comme il l'était du reste pour tous ceux qui l'approchaient. J'avais une véritable affection pour lui et j'aurais donné ma vie pour lui épargner le déshonneur. Aussi personne ne peut s'imaginer ce que j'ai souffert, en le voyant se plonger par degrés, petit à petit, dans toute sorte de malheurs ; car j'ai la conviction au fond de l'âme qu'il n'a jamais cru ou voulu aller aussi loin qu'il l'a fait.

Ma vraie consolation est de n'avoir pas manqué de l'avertir depuis le premier jour des troubles de Paris, et de lui avoir annoncé comment tout cela finirait. Je déplore amèrement le peu d'influence que j'ai eu sur lui, car j'ai toujours détesté la Révolution et ceux qui l'ont amenée. Ma conduite d'alors est bien connue des amis du roi et de la reine et des princes français qui sont maintenant en Angleterre ; ils me rendront justice, quoiqu'ils n'ignorent pas mon attachement pour le duc d'Orléans, leur aimable et infortuné cousin. Même quand je le vis abandonné et repoussé de tous, je le reçus chez moi et j'essayai de lui faire comprendre ses fautes. Parfois il semblait les reconnaître, et je me flattais qu'il allait changer de voie ; mais il me quittait pour aller chez madame de Buffon dont il s'était fort épris, et dont la politique, je suis fâchée de le dire, était celle de Laclos et de Merlin, qu'il trouvait toujours chez elle et avec qui il dînait tous les jours. Ils persuadaient au faible duc que tout ce qui se faisait était pour le bien de son pays, et alors tout ce que j'avais dit était oublié. À mon grand regret, je le vis tellement circonvenu, qu'il ne pouvait éviter leurs pièges et que je n'étais plus bonne à rien. Il me disait seulement, en riant, que j'étais une orgueilleuse Écossaise qui n'aimait rien que les rois et les princes.

Ces réflexions m'ont fait sortir de mon sujet : il nous faut revenir aux événements qui ont suivi le 13 juillet 1789. Le 14 au matin je me trouvai en état de me lever, et j'allai par mon jardin chez le duc d'Orléans, à Monceaux, pour tâcher de le voir avant qu'il se rendît aux États. À sa porte, dans la première cour, je trouvai un fiacre, ce qui m'étonna, car ces voitures n'y étaient pas admises, et j'allai directement au jardin qui était ouvert. Je vis le duc dans sa chambre, causant avec deux hommes. Dès qu'il m'aperçut, il sortit et me pria de déjeuner avec lui, le marquis de Lafayette et M. Bailly[17], deux de ses amis. J'avais connu Lafayette à Strasbourg et à Paris, mais je n'avais jamais vu l'autre personnage.

Je compris par l'ensemble de leur conversation, qu'ils étaient venus consulter le duc sur les événements qui se passaient à Paris, et j'appris ensuite le même jour que Lafayette avait été nommé commandant en chef et Bailly maire de Paris. Pendant le déjeuner nous entendîmes le canon, et on nous annonça la prise de la Bastille, sur quoi ces messieurs partirent en toute hâte. Le vicomte de Noailles et le duc de Biron arrivèrent immédiatement après, et, quand je vis que je ne pouvais pas parler au duc, je m'en allai. Le prince m'accompagna dans le jardin, et je n'eus que le temps de l'engager à retourner chez le roi et à lui offrir ses services. Il se fâcha contre moi, me demanda si j'étais payée par ses ennemis pour lui donner de pareils conseils, et me quitta sur-le-champ.

Je rentrai désolée, car je voyais qu'il était en guerre ouverte avec le roi, ce que je craignais le plus, et, dès ce moment, je le considérai comme entièrement tombé aux mains de son factieux entourage. Ce jour-là, la Bastille fut prise, M. de Launay[18] et d'autres furent égorgés, on commit d'affreux excès de tous genres, et chaque heure amena de nouvelles scènes d'horreur. La populace obligea tout le monde à porter une cocarde verte pendant deux jours ; ensuite, ils prirent le rouge, le blanc et le bleu, qui étaient la livrée d'Orléans. Toute la soirée du 14, les rues furent pleines de bruit et de tumulte ; les gardes-françaises et tous ceux qui étaient à la prise de la Bastille, ivres et furieux, traînaient dans les rues, à la lueur des torches, les cadavres, les têtes et les membres de ceux qu'ils avaient tués. Le même jour, ils allèrent à la maison de campagne de M. Berthier[19], intendant de Paris, et le forcèrent à monter dans un cabriolet pour le ramener à la ville. Sur le point d'y entrer, ils furent rencontrés par une nouvelle foule, mêlée de quelques gardes-françaises, qui coupèrent à coups de sabre la capote du cabriolet, frappèrent M. Berthier et lui hachèrent les jambes et la figure. Quand ils furent à la porte Saint-Martin, ils lui apportèrent la tête de son beau-père, M. Foulon, et le forcèrent à la baiser, puis ils le jetèrent en bas du cabriolet et le pendirent à une lanterne. Ils traînèrent ensuite son corps dans les rues et portèrent sa tête chez son beau-père, où la pauvre madame Berthier, sa femme, était en couches. Ils mirent la tête de son mari dans sa chambre, et la malheureuse expira le soir même de frayeur. Telles furent les abominables scènes de ce jour.

NOTES

1. Louis Engelbert, duc d'Arenberg (1750-1820), frère aîné du comte de La Marck cité plus loin.

2. Le domaine du Raincy, bâti par Le Vau en 1650, fut acheté en 1769 par le père du duc d'Orléans.

3. Comédie-Italienne ou Théâtre des Italiens : cette salle, construite entre 1781 et 1783, donna son nom au boulevard voisin. L'Opéra-Comique se trouve aujourd'hui à son emplacement.

4. Charles-Eugène de Lorraine, duc d'Elbeuf, prince de Lambesc (1751-1825), et maréchal de camp. Le 12 juillet, il fut chargé de rétablir l'ordre chez les mutins des gardes françaises avec sa brigade de dragons.

5. C'est dans cette résidence, qu'en 1778, le duc d'Orléans fit créer, par le peintre Carmontelle, une folie dans le goût anglo-chinois ; elle deviendra au XIXe siècle le parc Monceau.

6. Le duc Victor-François de Broglie (1718-1804). Le 11 juillet, Louis XVI l'appela au commandement des troupes rassemblées autour de Versailles et le nomma Maréchal général. Après la chute de Necker, le 12 juillet, il fut nommé ministre de la Guerre, poste dont il démissionna trois jours plus tard.

7. Armand-Louis de Gontaut, duc de Biron (1747-1793) ; il commanda les armées du Rhin puis du Var.

8. Agnès Bouvier de Cépoy, épouse du comte Louis de Buffon, et maîtresse en titre du duc d'Orléans depuis la fin 1785.

9. Charles de Bourbon (1757-1836), comte d'Artois, futur Charles X.

10. Louis-Joseph de Bourbon (1736-1818), prince de Condé ; général royaliste, il organisa à Worms le quartier général de l'armée des Emigrés.

11. Louis-Henri Joseph (1756-1830), duc de Bourbon ; il rejoignit l'armée des Princes dont il commanda le 3e Corps.

12. Grace confond ici deux événements. Joseph-François Foullon (1715-1789), Intendant des finances depuis 1771, fort impopulaire. Le 12 juillet, il se réfugia à la campagne ; le 21 juillet, il est arrêté et conduit à Paris pour un procès ; le 23 juillet, la foule s'empara de lui et le pendit à un réverbère en place de Grève ; la corde ayant cassé, on le décapita.

Jacques de Flesselles (1721-1789), prévôt des marchands ; il est élu le 13 juillet président de « l'assemblée générale » de la municipalité. Il admit la création d'une garde civique et assura que 12 000 fusils, venus de Charleville, devaient l'armer. Le jour suivant, comme on lui réclamait les armes qui n'étaient point là, les délégués du Palais-Royal l'invitèrent à venir s'expliquer devant le Comité insurrectionnel. Au sortir, un inconnu lui tira une balle dans la tête, qui fut ensuite décapitée puis promenée au bout d'une pique.

13. Louis-Marie d'Ayen, vicomte de Noailles (1756-1804), beau-frère de La Fayette, élu à la Constituante ; il partit en 1792 pour les États-Unis.

14. Auguste-Marie d'Arenberg (1752-1833), comte de La Marck, député de la Noblesse aux états généraux. Mirabeau mourut dans ses bras.

15. Philippe Merlin de Douai (1754-1838), député du Nord à la Convention ; il fut à l'origine de la « loi des suspects » en septembre 1793. Ministre de la Justice sous le Directoire, il devint comte d'Empire en 1810.

16. Pierre Choderlos de Laclos (1741-1803), l'officier d'artillerie, auteur de *Les Liaisons dangereuses* (1782), était devenu « secrétaire des commandements » du duc d'Orléans en octobre 1788. Il joua un rôle important dans la constitution et les actions du « parti d'Orléans ».

17. Jean-Sylvain Bailly (1736-1793) : premier maire de Paris entre 1789 et 1792.

18. Bernard-André Jourdan, marquis de Launay (1740-1789), décapité en place de Grève.

19. Bertier de Sauvigny (1737-1789). Intendant général de Paris depuis 1771, et gendre de Foullon, il fut dénoncé comme « affameur et suppôt de la tyrannie », et sa tête mise à prix. En fuite, après le 14 juillet, il est rattrapé à Compiègne, puis ramené à Paris pour être jugé. Le 22 juillet, la foule s'empara de lui, sur la place de l'Hôtel de Ville, et le massacra.

Chapitre II

Conversation avec le duc d'Orléans. – Portrait de Marie-Antoinette. – Impopularité du duc d'Orléans à la cour. – Il fait un voyage en Angleterre. – Les révolutionnaires des Pays-Bas. – On me refuse un passeport. – Le colonel Gardiner, ministre d'Angleterre à Bruxelles. – Insulte grossière faite au gouvernement britannique. – Entrevue avec les chefs du la révolution belge. – Infâme conduite des capucins. – Mon retour à Paris. – La fête de la Fédération au Champ de Mars. – Louis XVI. – Marie-Antoinette. – Talleyrand. – Le duc d'Orléans tombant chaque jour davantage entre les mains des plus ardents révolutionnaires. – Conversations avec le duc. – Marie-Antoinette visite ma maison et les jardins. – Je suis chargée d'une commission par la reine. – Les chevaliers du poignard. – Il manque un chef aux royalistes.

Depuis ce temps je vis peu le duc d'Orléans. J'allai chez un de mes amis dans son château d'Ivry, près de Paris. Les événements qui se passèrent pendant l'été sont connus de tous ceux qui ont lu l'histoire de la Révolution française : mon but n'étant que de raconter quelques anecdotes sur le duc d'Orléans, je n'entreprendrai pas de détailler tous les événements qui eurent lieu : aucune plume ne peut d'ailleurs les décrire convenablement, ni donner l'idée de cette période d'horreur et de sang, véritable honte pour la nature humaine.

Le duc vint dîner avec moi deux fois à la campagne et je trouvai ses manières très changées : il était triste, ce qui n'était nullement dans son caractère. Je lui exprimais toujours mes inquiétudes sur sa situation, mais il me répondait, en riant, que j'étais folle ; qu'il n'avait aucun motif d'inquiétude, que j'étais comme tous les aristocrates et que je ne pensais qu'à heurter de front l'opinion populaire ; qu'il n'en voulait à personne au sujet des opinions sur la Révolution, et qu'il désirait qu'on fît de même pour lui.

En octobre je quittai Ivry et vins m'installer à Paris pour l'hiver. Ma maison étant proche de Monceaux, je vis souvent le duc, mais je m'aperçus que mes opinions lui déplaisaient, et je pensai qu'il valait mieux ne pas parler politique, quand je pourrais m'en dispenser. À cette époque, je me flattais que ces affreux principes révolutionnaires toucheraient bientôt à leur fin, soit parce que le peuple français, reconnaissant sa déplorable situation, se rallierait autour de son roi, soit parce que les armées étrangères viendraient à son secours. Quelque effrayée que je fusse de l'orage qui tomberait alors sur le duc, je dois avouer, et je le lui ai souvent dit, que j'aurais préféré le voir dans une prison perpétuelle que dégradé et déshonoré.

Bientôt vint le 5 octobre, jour d'effroyable mémoire ; mais je dois ici rendre justice au duc d'Orléans : il n'était certainement pas à Versailles, dans cette déplorable matinée, car il déjeunait chez moi en compagnie, pendant qu'on l'accusait d'être, sous un déguisement, dans les appartements de la reine. Il nous dit alors qu'il avait appris que les poissardes, avec quelques hommes du faubourg, étaient allées à Versailles, se vantant de partir pour ramener le roi à Paris. Il ajouta qu'il savait ces détails par quelques-uns de ses gens du Palais-Royal, et qu'il en était surpris, car il avait quitté le jardin de ce palais la veille à neuf heures du soir et que tout alors paraissait parfaitement tranquille. Il ne se montra pas partisan de cette entreprise de ramener le roi à Paris : « Ce doit être un plan de Lafayette, ajouta-t-il, mais je suis sûr qu'ils m'en accuseront, tous les désordres sont mis sur mon compte. Ce projet me semble une folie, comme tout ce que fait Lafayette. » Il resta chez moi jusqu'à une heure et demie, et je n'ai aucune raison de supposer qu'il soit allé à Versailles avant l'heure assez avancée où il parut aux États, comme tout le monde le sait. Les infortunés souverains furent ramenés le soir à Paris par la populace de Lafayette.

Je suis entrée dans ces détails pour avoir l'occasion de déclarer ma ferme conviction que le duc d'Orléans était innocent des funestes événements de ce jour et de cette nuit, et que Lafayette était l'auteur et l'instigateur des affreux traitements qu'eut à subir alors l'auguste famille royale. Si les plus grands ennemis du duc d'Orléans veulent être francs, je suis sûre qu'ils l'acquitteront de tous les événements de cette journée qui, selon moi, décida du sort de la famille royale et montra au pays les malheurs qu'on pouvait attendre d'une pareille réunion de misérables. Le duc d'Orléans fut même mis en jugement à ce sujet, mais les prétendues preuves furent si absurdes que l'accusation fut abandonnée. Il était clair pour tout le monde que Lafayette et son parti étaient les seuls coupables.

On sait que le roi et la reine n'eurent plus la permission de retourner à Versailles. On ne les laissa même pas aller à Saint-Cloud, quoique leur santé et celle de leurs enfants demandassent l'air de la campagne. On accorda seulement à la pauvre reine, comme une grande faveur, de sortir dans son carrosse à six chevaux, accompagnée par le dauphin et Madame Royale, madame Élisabeth et madame de Tourzel[1]. Dans ces occasions, ils paraissaient toujours tristes et malheureux, et ils avaient de bonnes raisons pour cela, car la reine recevait bien peu de marques d'attentions ou de respect. Même ceux qui, peu de mois auparavant, se seraient précipités dans la poussière pour lui servir de marchepied, la croisaient et l'éclaboussaient avec affectation. Je rencontrais souvent Sa Majesté, quand je sortais en voiture. Je lui donnais alors toutes les marques possibles de respect, ce qui paraissait lui faire grand plaisir. Elle eut même la bonté de m'envoyer M. de Chatiers, l'un de ses écuyers, pour me demander des nouvelles de ma fille, car Sa Majesté avait été assez bonne pour la trouver jolie et la remarquer à Saint-Cloud, quand elle n'avait que trois ans. La reine l'avait alors envoyé chercher par le duc de Liancourt[2], et l'avait gardée sur ses genoux pendant tout le temps du dîner de Leurs Majestés. Depuis ce moment je me sentis infiniment reconnaissante envers la reine de sa bonté pour mon enfant. Elle m'a toujours paru la princesse la plus aimable et la meilleure qu'on ait vue ; elle a été indignement calomniée par la nation française. J'ai connu intimement des personnes qui l'approchaient sans cesse et pour lesquelles elle n'avait rien de caché, et elles m'ont assuré que Sa Majesté était la bonté même et de toutes les maîtresses la plus gracieuse et la plus affectionnée. Elle le fut trop en effet pour beaucoup de gens qui ne le méritaient pas. Le malheur de la reine fut d'avoir été amenée trop jeune à la cour de Louis XV, où elle fut exposée à vivre au milieu d'une société légère et peu convenable ; elle y prit le goût des modes et des amusements publics, dont elle n'aurait pas pu jouir si elle avait conservé l'étiquette qui convient à une grande reine. Elle se fit ainsi beaucoup d'ennemis parmi les vieilles et sévères dames de la cour qu'elle n'aimait pas, et ne s'attacha qu'à la jeunesse dont les goûts étaient plus en rapport avec les siens. La vieille noblesse ne le lui pardonna jamais ; ses actions les plus innocentes furent représentées sous un mauvais jour, et ses ennemis lui prêtèrent toutes sortes de vices. Mais qu'ils réfléchissent un moment aux personnes qui formaient la société la plus intime de la reine : c'était madame Élisabeth, sœur du roi, qui était un ange aussi pur que la neige. Était-il vraisemblable qu'elle se fût prêtée au déshonneur de la reine ? Cette idée est affreuse, et pourtant les parties de Trianon, qui furent un grand sujet de calomnie, se firent toujours sous la direction de cette vertueuse princesse. L'attachement de madame Élisabeth pour la reine dura jusqu'à ses derniers moments, ce qui est une preuve surabondante de l'innocence de Marie-Antoinette. Lafayette montra une grande dureté pour la famille royale pendant sa captivité aux Tuileries ; il faisait sans cesse circuler le bruit de leur désir de s'échapper, pour se rendre important aux yeux des royalistes et de ses amis les rebelles. Ces bruits finissaient toujours par quelque nouvelle insulte infligée aux royales victimes.

À cette époque, le duc d'Orléans devint de plus en plus l'objet de l'exécration de la cour et des royalistes, sans avoir plus de puissance dans son propre parti, qui se servait toujours de son nom et de celui de Lafayette pour commettre des horreurs. Je dois déclarer encore ici ma conviction que ce qu'on appelait la faction d'Orléans n'a jamais consulté l'infortuné duc sur ses opérations. Bientôt après la cour sembla traiter un peu mieux le duc, et le roi le nomma grand amiral de France, ce qui surprit tout le monde alors. Sa faveur ne fut pas de longue durée : le roi fut très souffrant d'un rhume, et garda le lit aux Tuileries : la cour vint en conséquence présenter ses hommages à Sa Majesté, et le duc d'Orléans fit comme tout le monde. Lorsque le roi apprit qu'il était là : « Laissez approcher le duc d'Orléans, dit-il, et qu'on ouvre tous les rideaux, afin qu'il puisse voir que c'est bien moi ; sans cela le bruit va courir dans Paris que j'ai fui et que quelque autre est dans ce lit. » C'est le duc lui-même qui m'a conté cette anecdote, et il en voulait beaucoup au roi à ce sujet.

Bientôt après les ministres et la cour pensèrent que, si le duc quittait Paris, les choses iraient plus tranquillement ; ils lui supposaient plus de partisans et plus de pouvoir qu'il n'en avait réellement. Ce fut alors qu'ils eurent l'idée de le faire duc de Brabant, projet du reste parfaitement ridicule. Je crois pourtant que le duc était assez insensé pour y consentir et même pour le désirer vivement. À cet effet, on lui donna une sorte de mission en Angleterre, dont je n'ai pu connaître au juste l'objet, car je n'en ai jamais causé avec le duc. Nos ministres doivent savoir ce qui l'amena en Angleterre. Beaucoup de bruits malveillants furent semés dans Paris ; on assurait que Lafayette avait forcé le duc à quitter Paris, parce qu'il avait des preuves que ce prince avait voulu faire assassiner le roi. C'était faux ; le duc et Lafayette étaient alors bons amis, et c'est ainsi qu'ils s'étaient rencontrés la veille du départ du duc chez madame de Coigny[3], où ils parurent dans les meilleurs termes. J'ai des lettres de Lafayette au duc, depuis cette époque, pleines de compliments et de respects.

Au printemps de 1790 j'allai à Bruxelles où je vis beaucoup d'agents du duc, tels que le comte de la Marck, le banquier Walgains[4] et d'autres ; mais je m'aperçus bientôt que le comte se donnait beaucoup de peine pour devenir duc de Brabant, ou au moins pour faire entrer le duché dans sa famille. Je le vis aussi actif dans cette révolution que dans celle de France. Le pays était alors en pleine insurrection contre l'empereur. Il y avait deux partis dans la rébellion, les Van-Der-Nootts[5] et les Vonckistes : les premiers prenaient un prétexte religieux et les autres inclinaient davantage vers les Jacobins de France. Ce dernier parti était celui qu'on supposait favoriser le duc d'Orléans, et de ce parti étaient les d'Aremberg. J'eus l'occasion de voir Van-Der-Noott et Van-Par, qui était moine de l'ordre des pénitents, et qui en portait toujours l'habit. C'était un homme très instruit et très adroit qui menait les autres sous le masque de la religion. Van-Der-Noott, avocat actif et entreprenant, était le chef du parti sous Van-Par.

À cette époque, ceux qui demeuraient à Bruxelles étaient obligés d'avoir un permis pour sortir de la ville. Un jour que j'envoyai à l'hôtel de ville en chercher un pour aller chez le duc d'Aremberg, à Enghien, entre Halle et Condé, ils me firent répondre qu'ils avaient l'ordre de ne pas me laisser sortir de la ville. J'en fus fort surprise et blessée, en ma qualité de sujet anglais, et j'allai immédiatement chez le colonel Gardiner[6], notre ministre à Bruxelles, pour lui porter plainte. Il me dit qu'il n'était étonné de rien de ce que faisaient les États ; qu'ils avaient, peu de jours auparavant, arrêté son propre courrier, qui se rendait en Angleterre et qu'ils avaient ouvert ses dépêches ; qu'il était allé s'en plaindre aux États et n'avait pas obtenu de réparation ; qu'il ne voulait pas y retourner avant qu'il ne sût de sa cour la marche qu'il devait suivre ; que, si j'insistais pour qu'il y allât à mon sujet, il le ferait, mais qu'il préférait s'en abstenir. Je lui dis que j'avais grande envie d'aller moi-même chez Van-Der-Noott ; que je l'avais rencontré souvent, qu'il avait toujours été poli pour moi, et m'avait toujours saluée. Le colonel Gardiner pensa que j'avais raison. J'y allai donc aussitôt et je trouvai ensemble Van-der-Noott et Van-Par. Je leur envoyai mon nom et fus très bien reçue. Je me plaignis de ce qu'étant sujette du roi d'Angleterre, on en avait mal usé envers moi. Il me répondit qu'il n'avait pas donné de pareils ordres ; que c'étaient ses collègues sans doute qui l'avaient fait ; que pour son compte il était tellement harassé par les affaires qu'il ne pouvait pas être responsable de toutes les fautes qui se commettaient. Il en était désolé et m'assura que j'allais avoir un permis pour venir d'Enghien et aller partout où je voudrais. En même temps il me dit qu'il savait que j'arrivais de Paris, où j'avais beaucoup vu le duc d'Orléans ; qu'à Bruxelles, je vivais beaucoup avec les d'Aremberg et qu'en conséquence j'étais de leur parti. Je lui assurai qu'il n'en était rien, que, malgré mes rapports fréquents avec ces personnages, je n'avais jamais aimé leur conduite révolutionnaire ni en France ni en Belgique ; que j'avais toujours été royaliste et que je n'étais ni Van-Der-Noottiste ni Vonckiste. Van-Der-Noott et Van-Par sourirent tous deux et me dirent que j'étais fort honnête ; mais que, comme il y avait très peu de royalistes à Bruxelles, je n'étais pas dangereuse, et que désormais on ne me dérangerait plus. Ils étaient de très bonne humeur, car ils venaient ce jour-là même d'apprendre une victoire remportée sur Vandermerck, général Vonckiste.

Les villageois commençaient à entrer à Bruxelles en procession, portant de grands paniers remplis d'or monnayé pour les donner à Van-Der-Noott, afin de soutenir la révolution. Les processions étaient suivies par des moines de tous les ordres, capucins, etc., à cheval, avec une croix dans une main et une épée dans l'autre. Derrière eux marchaient les bourreaux des villes et des villages portant des gibets et des instruments de torture. Le soir, ces pauvres gens abusés retournèrent dans leurs villages, ivres et – dans un affreux désordre. J'assistai à Bruxelles à des scènes effroyables, semblables à celles de France ; seulement, ici, le prétexte était la religion. Je vis des malheureux égorgés dans la rue pour n'avoir pas ôté leurs chapeaux devant les capucins ou pour avoir passé, sans saluer très bas, devant le buste de Van-Der-Noott. Ce buste était placé en différents endroits de la ville et même au théâtre. Van-Der-Noott était un homme d'une physionomie étrange : il avait, je crois, une quarantaine d'années ; il était grand et mince, plein de vivacité et ne paraissait pas méchant, quoique fort laid. Je n'oublierai jamais son costume : c'était un habit de soie brune bordé de rose, avec un étroit galon d'argent, une veste de basin blanc, des bas de coton blanc, des manchettes de filet avec une frange autour et une perruque ronde poudrée.

Bruxelles fut alors en proie à toutes sortes d'horreurs : les Autrichiens prirent possession de la ville, mais malheureusement ils en furent encore repoussés par les patriotes. Il y eut une trêve pour une nuit. Pendant ce temps, les pauvres Autrichiens restèrent campés dans le parc de Bruxelles, sans vivres et sans secours d'aucune espèce, parce que les habitants n'osaient même pas leur vendre une once de pain. Ils restèrent donc là couchés dans la boue, et comme j'habitais le parc, je leur donnai ce que j'avais dans la maison à manger et à boire. Le prince Louis d'Aremberg en fit autant, quoique ce ne fût pas le parti de son frère ; mais il était demeuré un ardent royaliste.

Comme je craignais qu'une fois les Autrichiens sortis, la populace ne m'insultât, je partis le lendemain pour Paris, désirant y vivre tranquille. En ce moment le duc d'Orléans était en Angleterre ; mais, ses ennemis ayant répandu le bruit qu'il n'osait pas revenir en France, son ami le duc de Biron le pressa instamment de revenir, pour prouver qu'il n'avait pas peur de Lafayette. J'étais à Paris, lorsque le duc y arriva dans la nuit du 13 juillet 1790. Le surlendemain était le jour de la fameuse fédération, où le roi et la reine vinrent au Champ de Mars et où M. de Talleyrand, évêque d'Autun, dit la messe devant Leurs Majestés. Le duc d'Orléans marchait avec la procession, et on fut très surpris de le voir après les bruits qui avaient couru.

Je le reçus ce jour-là : il dîna chez moi avec le duc de Biron et d'autres. Il m'avait apporté des lettres d'Angleterre, où il avait vu ma fille. Le duc témoigna beaucoup de regrets d'avoir quitté l'Angleterre. Plût à Dieu qu'il y fût resté ! Il fut pourtant assez bien reçu à Paris ; mais les factieux craignaient toujours qu'il ne fût mieux traité par la cour que dans le passé et qu'il ne leur glissât ainsi entre les doigts. Aussi furent-ils enchantés de le voir gravement insulté un jour à la cour, car ils comprirent qu'ils n'avaient rien à craindre de ce côté, et par là le duc tomba de plus en plus en leur pouvoir.

J'aurais bien désiré que la cour eût voulu me croire : la reine a bien souvent témoigné son approbation de ma conduite pendant la Révolution ; elle me l'a même fait savoir par d'obligeants messages. Elle connaissait les avis que je donnais toujours au duc d'Orléans. Sa Majesté me chargea même d'une mission à Bruxelles qui prouvait la bonne opinion dont elle m'honorait, quoiqu'elle sût bien que je voyais le duc d'Orléans chaque jour. J'ai toujours espéré être utile, mais je n'ai pas réussi. Madame de Buffon et les amis du duc faisaient tout ce qu'ils pouvaient pour l'empêcher de venir chez moi. Ils disaient que, comme je ne voyais que les royalistes et ses ennemis, je finirais par le faire assassiner. Il ne voulut pourtant jamais m'abandonner, et, quoiqu'il n'entendît de ma bouche que de dures vérités, il continua à me voir, en me disant qu'il me croyait sincère quand je pensais lui donner de bons avis, mais que les royalistes m'avaient tourné la tête et finiraient par me perdre. Je voudrais bien qu'il eût eu foi en mes prévisions, car je lui ai bien souvent prédit ce qui est arrivé.

Je pris à cette époque une maison à Issy, près de Paris, qui appartenait à la duchesse de l'Infantado. Cette pauvre femme était une amie de la reine, qui allait souvent à Issy pour s'y promener dans le jardin avec ses enfants. C'était un très beau lieu et Sa Majesté pouvait y goûter un peu de repos sans être obsédée par une foule de gardes nationales. Le peuple du village accusa la duchesse de cacher des effets de la cour et des royalistes, et avait pris l'habitude d'aller chez elle au point du jour et de visiter la maison. Cela lui causa un tel ennui qu'elle quitta la France et retourna en Espagne, laissant des ordres pour louer sa maison. Je la pris pour deux ans ; mais le village était si jacobin que je la quittai et que j'achetai un petit cottage à Meudon, quelques milles plus loin. La reine vint deux fois à Issy pendant que j'y étais, et elle fut toujours assez bonne pour me demander la permission de se promener dans le jardin.

Sa Majesté, ayant entendu dire que je pensais retourner à Bruxelles, m'envoya une dame de la cour avec une petite boîte et une lettre pour l'archiduchesse, que je devais remettre en mains propres. Je n'avais pas le projet d'aller à Bruxelles, mais je ne l'ai jamais fait savoir à Sa Majesté. Je pris un passeport de lord Gower[7], notre ambassadeur, et je me trouvai heureuse de faire ce voyage pour être utile à la reine. Quand j'arrivai à Bruxelles, l'archiduchesse venait d'en partir avec le duc Albert, et, comme la reine avait prévu cette circonstance, elle m'avait chargée en ce cas de remettre ces objets au général Boileau, qui commandait les Autrichiens à Mons.

La présence de la reine à Issy avait donné occasion de dire qu'elle y avait eu une conversation avec le duc d'Orléans. Il venait en effet dîner souvent avec moi, et il s'y rencontrait avec les jeunes gentilshommes qui étaient revenus à Paris, d'Allemagne ou d'Angleterre, dans l'espérance d'être utiles au roi. Mais tous leurs plans étaient aussi mal concertés que mal exécutés, et tournaient au désavantage de l'infortuné monarque, en fournissant aux conspirateurs un prétexte pour le surveiller plus sévèrement, lui et sa famille. J'étais toujours mal à l'aise lorsque le duc venait et trouvait les royalistes ; je craignais qu'il ne subît quelque insulte chez moi. Cela faisait mon désespoir. Mais comme il n'y eut jamais de discussion politique, et que le duc fut toujours poli et obligeant pour eux, il n'arriva rien de fâcheux, quoique ces jeunes gens et le duc parussent également embarrassés. Ils avaient tous été intimement liés avec lui avant la Révolution, et l'avaient beaucoup aimé et respecté, ce qui rendait leur position encore plus difficile. Ces gentilshommes furent nommés depuis *Les chevaliers du poignard*. Chacun doit se souvenir du jour où ils se rallièrent autour du roi aux Tuileries, projet qui ne devait servir à rien. Ils n'avaient pour eux ni le nombre ni un chef habile. Si quelque prince de la famille de Bourbon était venu à Paris ou avait planté son drapeau dans une partie de la France, pour servir de point de ralliement aux royalistes, je crois réellement que le roi aurait pu être sauvé ; mais malheureusement il n'y avait aucun chef sur lequel on pût compter.

Moi-même, depuis le règne de Bonaparte, j'ai entendu le général Léopold Berthier[8], frère du ministre de la guerre, dire que lui et son frère se seraient rangés sous le drapeau d'un chef de la maison de Bourbon et auraient combattu pour le roi jusqu'à la dernière goutte de leur sang. J'en ai entendu dire autant par d'autres généraux. Je suis sûre que les trois quarts au moins de la France auraient fait de même. Quel malheur pour le monde que les choses ne se soient pas passées ainsi ! Même les braves et loyaux Vendéens furent sacrifiés par le manque d'un chef suprême : cette population vaillante et hardie, en dépit de toutes les calamités qu'elle a souffertes, serait toujours prête à se lever pour la cause du roi ; leur loyauté et la religion en feront toujours des sujets fidèles.

Le malheureux monarque ne pouvait presque plus faire d'exercice. Quand il sortait à cheval, accompagné par le peu d'amis qui lui restaient, comme le duc de Brissac[9], le chevalier de Coigny[10] et d'autres, ce misérable Lafayette le suivait toujours avec vingt ou trente officiers des gardes nationales. Aussi sortait-il rarement, ces promenades à cheval étant bien peu agréables en pareille compagnie.

NOTES

1. Félicité de Croy d'Hauré, duchesse de Tourzel (1749-1832), gouvernante des enfants de France, pré-cités. Elle joua un grand rôle dans la fuite du roi à Varennes sous le nom de baronne de Korf.

2. François de La Rochefoucauld (1765-1848), duc de Liancourt. Lieutenant-colonel des chasseurs à cheval au moment de la Révolution, il émigra après le 10 août.

3. Aimée de Franquetot de Coigny (1769-1820). Célèbre pour sa beauté et son esprit, Marie-Antoinette l'appelait « la reine de Paris ». Incarcérée à Saint-Lazare en 1794, elle y rencontra André Chénier qui lui dédia son ode « La Belle captive ».

4. Ce banquier d'Anvers se nomme en fait Walkiers ; il était en charge de certains intérêts financiers du duc d'Orléans, en Belgique. Il faut rappeler que, le 25 février 1790, fut tenté un soulèvement en faveur du duc d'Orléans, à Bruxelles. À la cathédrale Sainte-Gudule pendant la grand-messe, des agitateurs payés agitant des cocardes tricolores et criant « Vive le duc d'Orléans ! », tentèrent d'entraîner la foule vers l'hôtel de ville, sans succès.

5. Henri Van der Noot (1731-1827), un des chefs de la révolution brabançonne avec Vonck qui lutta contre les Autrichiens et l'empereur Joseph II ; il fut brièvement nommé président du Congrès national.

6. William Gardiner (1748-1806), Envoyé extraordinaire de la Grande-Bretagne en Belgique, de décembre 1789 à février 1792.

7. Lord Gower, accrédité comme ambassadeur à Paris le 20 juin 1790, fut rappelé en Angleterre après la chute de la royauté.

8. Victor-Léopold Berthier (1770-1807), 3e frère du Maréchal. Il fit également les guerres de l'Empire.

9. Louis-Timoléon Cossé, duc de Brissac (1734-1792), maréchal de France et commandant en chef de la Garde constitutionnelle du roi.

10. François-Marie Franquetot de Coigny (1756-1816).

Chapitre III

Conduite de Monsieur, depuis Louis XVIII. – Bonté de Louis XVI. – La famille royale part pour Varennes. – Elle est ramenée à Paris. – Elle est brutalement insultée par la populace. – Position du duc d'Orléans. – Ses projets. – Il se rend à l'armée. – La populace envahit les Tuileries et outrage le roi. – Dernière apparition en public de Marie-Antoinette. – Le 10 août. – Ma fuite à Meudon. – Mon retour à Paris. – Aventures. – Meurtre des gardes suisses. – Évasion extraordinaire du marquis de Champcenetz.

Monsieur, maintenant Louis XVIII, était à Paris pendant tous ces événements ; mais il vivait surtout avec les gens de lettres et ne quittait guère le Luxembourg que pour aller aux Tuileries. On a beaucoup blâmé la conduite de ce prince lorsqu'il alla à l'Hôtel de ville, mais je suis sûre, et tout le monde en est convaincu maintenant, qu'il n'avait pas d'autre mobile en cette circonstance que l'espoir d'être utile au roi, son malheureux frère. C'était là assurément un excellent motif, quoiqu'il n'ait pas été couronné de succès. Ce prince a toujours été fort respecté par les amis du roi, et ceux qui l'ont blâmé le plus n'ont jamais douté de la bonté de ses motifs.

Les amis de Lafayette ne cessaient de parler de la fuite du roi : plût à Dieu qu'il eût réussi à leur échapper ! Cela eût ainsi épargné à la France bien des crimes et sauvé la vie de ce monarque vertueux qui était trop bon pour régner sur de pareils mécréants. Sa piété l'empêchait de supporter l'idée de répandre le sang de ses sujets. Si lorsque les nobles passèrent au tiers état, il avait fait arrêter et exécuter l'infortuné duc d'Orléans et une vingtaine d'autres, l'Europe aurait été sauvée de toutes les calamités qu'elle a subies depuis, et j'oserais maintenant pleurer mon pauvre ami le duc qui, au lieu de laisser des regrets, n'a vécu que pour le mépris et l'exécration et pour périr enfin sur l'échafaud par les mains de ceux qu'il avait servis en se déshonorant. Ce sont là de cruelles vérités à dire, mais ce sont des vérités.

Chacun sait que dans l'été de 1791 le roi et la famille royale firent une tentative de fuite. Je ne doute pas que Lafayette ne fût dans le secret, mais il le trahit ensuite par peur. Ils furent arrêtés à Varennes, fort maltraités et ramenés à Paris de la manière la plus brutale. Je les vis dans les Champs-Élysées à leur retour et j'assistai à une scène qu'il est impossible de décrire. L'insolence de la populace et des misérables qui entouraient leurs carrosses de voyage ne connaissait pas de bornes. Les fidèles gardes du corps qui avaient accompagné le roi étaient attachés pieds et poings liés sur le siège de la voiture de Leurs Majestés, qui ne marchait qu'au pas, afin que ces monstres pussent la suivre. Ils étaient là s'appuyant sur la voiture, fumant, jurant et tenant les propos les plus inconvenants. Ils empêchaient l'air de pénétrer dans le carrosse, quoique la pauvre reine fût mourante de chaleur et de fatigue.

– Ces malheureux princes ne s'étaient pas couchés depuis leur départ de Paris, et c'était un des jours les plus chauds que j'aie vus ! Ce fut encore une autre calamité.

Je partis ce soir-là même pour Spa, et je trouvai à Bruxelles Monsieur, aujourd'hui Louis XVIII : il avait réussi à s'échapper par Valenciennes. J'aurais bien voulu que le roi eût pris tout seul le même chemin, mais il ne put jamais se décider à quitter la reine, dans la crainte qu'elle ne fût égorgée par le peuple. Je restai à Spa jusqu'au mois de septembre. Plût au ciel que je ne fusse jamais revenue en France ! Mais à cette époque nous espérions la jonction des Prussiens, des Autrichiens et des Suédois pour délivrer la France de tous ses troubles. En effet, si l'arrestation de Varennes avait beaucoup découragé les royalistes, l'entreprise était trop intéressante pour l'abandonner si facilement. Spa était plein d'émigrés et ils espéraient tous un prompt retour en France. L'infortuné roi de Suède, qui fut assassiné lui-même quelques mois après, avait une sincère amitié pour le roi de France et aurait aidé la contre-révolution de tout son pouvoir. Je le connaissais et je l'ai toujours trouvé le mieux élevé et le plus aimable des hommes.

À mon arrivée à Paris je rencontrai beaucoup d'émigrés rentrés en France dans l'espérance d'un changement ; mais Lafayette et ses amis avaient tellement rempli d'espions le dehors et le dedans du palais, qu'il était à peine possible aux amis du roi et de la reine de communiquer avec eux, et leurs projets avortèrent encore une fois.

Je ne peux me rappeler aucun autre événement de cette année ; seulement, au moment de mon retour à

Paris, j'appris l'arrestation du duc de Choiseul[1], et du comte Charles de Damas[2], colonels des deux régiments qui passaient pour avoir favorisé la fuite du roi. Le comte Roger de Damas[3] m'avait donné à Spa une lettre pour son frère et j'étais décidée à la remettre en mains propres, dans la crainte qu'elle ne contînt quelque chose sur les événements présents. M. de Damas était en prison à la Merci, couvent d'hommes au Marais. J'obtins la permission d'y entrer et je le vis ainsi que le duc de Choiseul. Ils étaient très découragés, mais le roi obtint bientôt leur délivrance.

Je demeurai ensuite à Issy ou à Paris, jusqu'au moment où j'achetai ma maison de Meudon. Je vis souvent le duc d'Orléans, mais j'étais si impressionnée de la malheureuse tournure que prenaient les affaires de la cause royale, que j'évitais autant que possible de rien écouter sur ce sujet. Je remarquais aussi combien le duc s'abaissait tous les jours ; c'était un vrai chagrin pour moi. Son parti et lui-même étaient accusés de tous les troubles du moment. Ce parti, sans le duc, était capable de tout ; cependant je ne le crois pas coupable de tous les excès qui furent commis : Lafayette a fait beaucoup de mal.

Le duc d'Orléans fut accusé d'avoir donné de fortes sommes d'argent au commencement de la Révolution pour exciter les gardes-françaises à la révolte ; je ne le crois pas, et ceux qui, après sa mort, ont examiné ses papiers et ses affaires, n'ont pas pu trouver une preuve évidente de ce fait. Ceux qui ont fait cet examen n'étaient pas les amis du duc, et ne l'auraient certainement pas épargné, s'ils avaient mis la main sur ces preuves. Il y avait seulement dans ses comptes 13,000 livres dont ils ne purent reconnaître l'emploi ; mais une si faible somme n'aurait pas suffi pour payer un tel nombre d'hommes. C'est Lafayette lui-même qui les a poussés à la révolte. Je suis sûre que, si le duc d'Orléans avait supposé que la Révolution pût durer plus de six mois, il ne l'aurait jamais désirée : il avait le grand défaut de ne pas pardonner facilement ; son gouverneur, le comte de Pons[4], quand il eut fini son éducation, et que le duc sortit de ses mains, s'exprimait ainsi : « J'ai fini l'éducation d'un jeune prince qui fera du bruit ; mais il ne faudra pas l'offenser, il ne pardonnera jamais. » Ce n'était pas pourtant tout à fait exact, car je l'ai vu pardonner, et je ne l'ai jamais entendu rien dire de désobligeant à personne, jusqu'au moment où il eut la tête tournée par cette affreuse Révolution.

Dans l'année 1792, le duc se rendit à l'armée du Nord, commandée par le vieux comte de Rochambeau[5] : il avait avec lui ses trois fils, ou au moins M. le duc de Montpensier et le comte de Beaujolais. Je crois que le duc de Chartres était alors plus avancé dans le Brabant avec Dumouriez ; mais je ne me rappelle pas ce qui se passa à l'armée. La malheureuse famille royale fut plus maltraitée de jour en jour, son existence devint vraiment affreuse. Quand l'armée française fut battue à Mons, le duc de Biron la commandait, et les ducs de Chartres et de Montpensier étaient avec lui. C'était leur première campagne, et je me souviens que ce fut après ce moment que le duc d'Orléans vint rejoindre l'armée à Courtray, et prit avec lui son plus jeune fils, le comte de Beaujolais.

Dans le courant de l'été, le 20 juin, les poissardes et les gens des faubourgs, commandés par Santerre[6], marchèrent sur les Tuileries et pénétrèrent de force jusqu'aux appartements du roi, ce prince n'ayant jamais voulu permettre aux troupes de tirer sur le peuple. Il est vrai que la plus grande partie de ces troupes était des gardes nationales qui ne valaient pas mieux que les assaillants. Ces misérables mirent de force le bonnet rouge sur la tête du roi et lui parlèrent dans le langage le plus bas et le plus grossier. Ils voulaient entrer dans les appartements de la reine ; on suppose que c'était pour la tuer : ce fut madame Élisabeth qui les en empêcha. La reine n'en fut pas moins effrayée et vint se placer au côté du roi, près de qui elle venait toujours chercher protection ; ils apportèrent un petit bonnet rouge pour le jeune dauphin, qui était là en uniforme de garde national ; car on avait formé pour lui une troupe d'enfants qu'on avait appelée le régiment du prince dauphin. En résumé, la population, après être restée une grande partie de la soirée à tourmenter le roi et la reine, à boire et à voler tout ce qui lui tombait sous la main, quitta le palais, laissant la famille royale convaincue qu'elle ne devait plus s'attendre qu'à de pareils outrages.

À cette époque, je reçus une lettre du duc d'Orléans, qui était alors à Courtray, lettre que j'ai maintenant sous les yeux, et dans laquelle il m'exprimait sa satisfaction de n'avoir pas été à Paris dans cette circonstance. « J'espère, ajoutait-il, qu'ils ne pourront pas m'accuser. » S'il était innocent, peut-être ses amis ne l'étaient-ils pas ; mais l'indigne outrage infligé au roi dans son palais fut imputé à Robespierre et à Marat, qui ne furent jamais du parti d'Orléans. Après le 20 juin, ceux qui voulaient du bien à la famille royale souhaitèrent que la reine se fît voir quelquefois en public avec le dauphin, intéressant et bel enfant, et sa charmante fille, madame Royale. Elle alla donc à la Comédie-Française avec ses enfants, madame Élisabeth, sœur du roi et madame de Tourzel, gouvernante des enfants de France. Ce fut la dernière fois que Sa Majesté parut en public. J'étais dans ma loge, juste en face de celle de la reine, et, comme elle était beaucoup plus intéressante que le spectacle, j'eus toujours les yeux fixés sur elle et sur sa famille. On donnait *Les Événements imprévus*, et madame Dugazon[7] jouait la soubrette. Sa Majesté, dès son entrée dans la salle, parut fort triste : elle fut très impressionnée par les applaudissements, et je la vis plusieurs fois essuyer ses yeux. Le petit dauphin, qui resta sur ses genoux toute la soirée, semblait inquiet de savoir la cause des larmes de sa malheureuse mère. On la voyait le caresser ; l'assistance, bien disposée, paraissait s'attendrir sur la cruelle situation de leur belle reine. Dans la pièce se trouve un duo chanté par la soubrette et le valet, et madame Dugazon dit : « Ah ! comme j'aime ma maîtresse ! » Comme en disant cela, elle regardait attentivement la reine, quelques Jacobins, qui étaient entrés dans la salle, sautèrent sur le théâtre, et, si les acteurs n'avaient pas caché madame Dugazon, ils l'auraient certainement égorgée ; ils chassèrent alors de la salle la pauvre reine et sa famille, et tout ce que la garde put faire fut de les remettre sains et saufs dans leurs carrosses. Pendant ce temps, le parti de la reine se mit à battre les Jacobins ;

mais les soldats intervinrent et cette rixe n'eut pas de suite. Telle fut, dis-je, la dernière apparition de la reine en public. Il y avait ce soir-là bien peu de gens qui ne fussent allés au théâtre avec le projet d'applaudir la reine ; mais les Jacobins sachant cela y avaient envoyé quelques-uns des leurs pour insulter cette malheureuse famille.

Le premier événement qui survint fut le 10 août, jour qu'on n'oubliera jamais. En me levant, j'entendis une forte canonnade, et comme ma maison était dans le faubourg Saint-Honoré, non loin des Tuileries, le bruit était affreux. J'appris bientôt que les faubourgs Saint-Antoine et Saint-Marceau, Santerre à leur tête, avaient marché sur les Tuileries et les avaient attaquées ; que le roi et la reine s'étaient réfugiés à l'Assemblée nationale ; enfin, je sus toutes les horreurs qui eurent lieu ce jour-là. Ma première pensée fut de quitter Paris et de m'en aller à ma maison de Meudon ; mais on me dit que les barrières de Paris étaient fermées et qu'on ne laissait sortir personne de la ville.

Dans la matinée j'eus l'occasion de rendre service à trois ou quatre soldats suisses que je tins cachés chez moi jusqu'au soir ; le major Backman demeurant dans la rue Verte et son jardin touchant le mien, ils étaient venus par-dessus le mur ; j'aurais bien voulu faire la même chose pour leur major, mais le malheureux périt ce jour-là. Je ne sais si ceux que j'avais cachés parvinrent à se sauver ; ils voulurent s'en aller le soir, et depuis je n'ai jamais entendu parler d'eux. Ma femme de chambre me fit souvenir d'un portier que j'avais eu et qui s'était établi dans une petite maison avec un jardin derrière les Invalides et près de l'École militaire. Elle me dit qu'elle lui avait souvent entendu répéter qu'il y avait une brèche dans les murs de Paris, tout près de chez lui, brèche qui avait été faite par les contrebandiers et par où tout le monde pouvait passer sans trop de peine. Je recommandai à ma femme de chambre de ne rien dire de cela à mes gens et de venir avec moi à neuf heures chez cet homme, qui était bon et honnête. Quand j'y arrivai, il parut avoir peur de m'aider, craignant d'être découvert ; mais je lui promis le secret, j'ajoutai que ma femme de chambre retournerait chez moi à Paris, et que je m'en irais seule. Je ne pouvais l'emmener avec moi, parce que tout ce que j'avais était à Paris, et que, ma maison de Meudon étant très petite, je ne pouvais y garder que fort peu de gens.

Après avoir escaladé le mur sans accidents, je traversai la plaine de Vaugirard dans l'obscurité, tremblant à tout moment de rencontrer des patrouilles ou des assassins, jusqu'à ce que je fusse arrivée au bas de la pente escarpée qui mène au château de Meudon ; ma maison était située au sommet de la hauteur. Je ne regardais jamais derrière moi et mon cœur battait très fort : je m'imaginais à chaque instant que j'étais poursuivie. À peu près au milieu de la montée, je vis un homme qui venait au-devant de moi, et j'eus tellement peur que je me laissai tomber dans les vignes qui bordent le chemin en perdant tout à fait l'usage de mes sens. Lorsque je revins à moi, je ne vis ni n'entendis personne : peut-être était-ce quelque malheureux fugitif qui était aussi effrayé que moi. J'étais alors assez près de ma maison, et ce ne fut pas sans peine que j'y parvins, mais si fatiguée et si abattue qu'on fut obligé de me déshabiller et de me mettre au lit presque sans connaissance. Mes pieds étaient couverts de sang, je n'avais plus ni bas ni semelles à mes souliers : ils étaient de soie blanche très mince et la route était pleine de pierres.

Je restai à Meudon aussi calme et aussi retirée que je pus jusqu'à cet horrible 2 septembre ; le matin de ce jour, un garçon, qui avait l'air d'un mendiant, me remit une lettre de la part d'une de mes amies qui m'engageait à prendre un passeport pour moi et pour un valet et à venir seule à Paris, parce que je pourrais ainsi être fort utile à un malheureux, ajoutant que, si je voulais rendre ce service, je devais arriver sans retard. Je n'hésitai pas et j'allai chez le maire de Meudon, qui me donna un passeport pour moi et un valet, à la condition de revenir avant minuit. Je pris alors un cabriolet qui pouvait tenir deux personnes, le cocher étant au dehors, et je partis seule. En arrivant à la barrière de Vaugirard, section de la Croix-Rouge, qui était une des plus mauvaises de Paris, je montrai à la garde mon passeport, d'après lequel je devais revenir le soir : on me dit d'aller le faire signer à la section, et les soldats parurent surpris de mon désir d'entrer à Paris dans un pareil moment. Ils me dirent que le peuple massacrait dans les prisons, que les rues n'étaient que des ruisseaux de sang, et que ceux qui étaient dans Paris donneraient tout au monde pour en être dehors. Je leur répondis que j'avais une mère mourante qui désirait me voir et que je ne pouvais lui refuser de m'y rendre. Ils eurent pitié de moi et me montrèrent beaucoup d'obligeance.

Je me rendis alors à la section ; j'oubliais de dire qu'ils m'avaient demandé à la barrière où était mon valet et que je leur avais répondu que je l'avais renvoyé me chercher quelques papiers dont je devais me charger pour ma mère. Le garde qui vint avec moi à la section leur donna ces détails, et en conséquence ils n'eurent guère de soupçons sur une personne qui voulait entrer à Paris dans un pareil moment. Je me rendis donc directement chez mon amie, dans la rue de Lancry, sur le boulevard de l'ancien Opéra, et j'y appris, à mon grand étonnement, que la personne qu'elle voulait obliger était le marquis de Champcenetz[8], gouverneur des Tuileries, qu'elle tenait caché dans le grenier de sa maison depuis le 10 août. On m'avait dit, comme à bien d'autres, qu'il avait été tué au palais le 10, et pourtant il avait été assez heureux pour s'échapper. Il avait passé la nuit du 9 au 10 avec le roi dans l'intérieur du château ; il était donc en uniforme de major général. Les troupes de service étaient le brave et magnifique régiment des gardes suisses et le courageux bataillon de Saint-Thomas du Louvre, qui se battirent avec une grande vigueur, jusqu'à ce qu'ils apprissent le départ du roi et de sa famille, et qu'ainsi il n'y avait plus rien à faire. Les gardes suisses et le bataillon de Saint-Thomas furent taillés en pièces : les survivants furent égorgés par le peuple, ainsi que les officiers ; quelques-uns furent décapités. M. de Champcenetz ne quitta Leurs Majestés que quand Rœderer[9] eut persuadé au roi de se sauver à l'Assemblée et de lui demander protection pour sa famille. La reine s'opposa, autant qu'elle put, à cette démarche et fit tout au monde pour empêcher le roi d'y aller ; elle l'en pria même à genoux ; mais il ne songeait qu'à épargner le sang de ses sujets et à mettre sa famille en sûreté, car je crois fermement qu'il ne pensait jamais à lui en pareil cas. En quittant le château, la malheureuse reine donna la main à M. de Champcenetz et lui dit : « Je crois que nous avons tort, mais vous savez que je n'ai pas réussi à le persuader. Adieu ! Dieu seul sait si nous nous reverrons jamais. »

Après leur départ, Champcenetz n'eut que le temps de s'échapper, car les troupes et les insurgés avaient envahi le château, massacrant ceux qui appartenaient au roi et pillant tout ce qui leur tombait sous la main. Le pauvre Champcenetz, connu comme il l'était en sa qualité de gouverneur du château, et ne voyant pas de chance d'échapper, sauta par une fenêtre basse dans le jardin, où étaient entassés les cadavres des malheureux soldats suisses et des autres. Là il resta étendu au milieu des morts et des blessés toute la journée, n'osant pas remuer ; mais la chaleur était si forte que l'infection des cadavres devint affreuse en peu d'heures.

Vers le soir un garde national vint pour chercher un ami au milieu des morts et des blessés et trouva M. de Champcenetz vivant. Il le connaissait et lui dit de se lever et qu'il lui prêterait son habit, ne gardant que sa veste ; mais il lui recommanda de pourvoir lui-même à sa sûreté comme il pourrait, car c'était là le seul service qu'il pût lui rendre et que peut-être même ce qu'il faisait lui coûterait la vie. Champcenetz sortit du jardin aussi vite qu'il le put par le Carrousel, presque mort de fatigue, de chaleur et de faim. Quand il eut gagné la rue de l'Échelle, il ne put aller plus loin : une pauvre femme qui était à la porte de sa boutique l'engagea à entrer, le prenant pour un soldat fatigué. Il lui dit alors qu'il était Anglais, que la curiosité l'avait poussé à entrer au château pendant cette journée, que le peuple l'avait fort maltraité et qu'un garde national lui avait prêté son habit ; il lui assura qu'il n'avait pas mangé de tout le jour et la pria de lui donner une croûte de pain et une goutte d'eau-de-vie. Comme il parlait en mauvais français, avec l'accent anglais, elle le crut, mais elle lui dit qu'il ne pouvait rester là ; qu'elle attendait à tout moment son mari qui était jacobin et détestait les gentilshommes ; elle ajouta qu'à la finesse de son linge, elle était sûre qu'il était noble ; que son mari avait été très occupé toute la journée à tuer les Suisses et les amis du roi, et qu'elle tremblait de le voir revenir, parce qu'il haïssait aussi les Anglais. La femme n'avait pas eu le temps de prendre du pain, que son mari rentra ; elle se hâta de cacher M. de Champcenetz derrière une armoire. Elle eut pourtant la présence d'esprit d'arrêter son mari à la porte, et de lui dire qu'un de ses amis désirait fort le voir et l'attendait au cabaret voisin.

Dès que l'homme fut parti, elle poussa Champcenetz dans la rue, sans lui dire un mot : il faisait nuit, et il pensa que s'il pouvait se traîner jusqu'à l'hôtel de lord Gower, l'ambassadeur d'Angleterre, il y trouverait peut-être le moyen de se cacher au moins pour la nuit. L'ambassadeur demeurait au faubourg Saint-Germain, sur les nouveaux boulevards.

En y arrivant, Champcenetz trouva M. Huskisson[10], secrétaire de lord Gower, qui l'accueillit très bien, et qui alla informer l'ambassadeur de sa présence. Lord Gower, en sa qualité d'homme public, ne sachant pas ce qui lui arriverait à lui-même, ne put le recevoir. Une proclamation avait été affichée cette nuit et lue dans les rues par un homme à cheval, défendant à tout le monde, sous peine de mort, de donner asile ou protection aux proscrits qui avaient été avec le roi aux Tuileries, désignant ainsi surtout M. de Champcenetz qui en était gouverneur. M. Huskisson lui prêta des habits ; mais, en quittant la maison de lord Gower, le malheureux ne sut que faire ni où aller. Enfin il se rappela avoir vu quelque temps auparavant chez moi une dame anglaise qui vivait fort retirée, n'ayant qu'une femme à son service, et demeurant dans un quartier très écarté de Paris. Il crut que le mieux était de tâcher d'arriver chez elle et de voir si elle ne pourrait pas le cacher cette nuit : il n'y avait pas une autre créature au monde à laquelle il pût se fier, ses autres amis ayant des domestiques sur lesquels, hélas ! on ne pouvait guère compter.

Mon amie demeurait rue de Lancry, derrière l'ancien Opéra, au quatrième étage, Champcenetz y arriva très tard par des rues détournées. Le portier, dans sa loge, habitué à tirer le cordon, parce qu'il y avait plusieurs locataires dans la maison, se contenta de demander : « Qui est là ? – M. Smith pour madame Meyler[11], » dit Champcenetz, et comme elle était chez elle, il monta. En le voyant, elle fut aussi surprise que terrifiée, car on lui avait dit dans le jour qu'il avait été tué. Il n'avait jamais été chez elle, mais comme il la connaissait pour une excellente femme et une bonne royaliste, il ne courait aucun risque. Ce fut avec une véritable horreur qu'elle apprit et vit ses malheurs, car il était dans un état déplorable ; elle n'avait aucun moyen de le cacher, mais elle ne pouvait supporter l'idée de le renvoyer aussi tard dans les rues, où il risquait d'être pris par les limiers lancés à sa poursuite. Sa servante était une vieille femme très fidèle et qui était aussi fort royaliste : ils pensèrent donc que le mieux était de se fier à cette brave femme, et de lui dire quel était le malheureux qu'elle avait en son pouvoir. Cette femme lui assura que, puisqu'il avait eu cette confiance en elle, elle se croyait sûre de pouvoir le cacher dans un grenier au-dessus de sa chambre, mais qu'elle craignait que les autres locataires ne l'entendissent ; que, de plus, le portier l'avait vu entrer, et lui avait dit à elle-même qu'il y avait un monsieur en haut chez sa maîtresse. Elles descendirent donc toutes deux avec Champcenetz, comme pour le reconduire, et lui souhaitèrent une bonne nuit. Madame Meyler resta à l'entrée de la loge du portier pour causer avec lui, et la vieille femme fit semblant de faire sortir un petit chien dans la rue ; pendant ce temps, Champcenetz remonta l'escalier, et enfin elles le cachèrent pour la nuit aussi bien que possible.

Les mêmes scènes de carnage continuèrent dans Paris le jour suivant. Le pauvre Laporte[12], intendant des finances, fut exécuté avec plusieurs officiers des gardes suisses, et la même proclamation fut publiée dans les rues contre le gouverneur des Tuileries, le prince de Poix[13], et d'autres. Le sort de la malheureuse famille royale fut décidé, on les enferma au Temple, et des visites domiciliaires furent exécutées dans tous les quartiers de Paris. Madame Meyler ne sachant que faire de son infortuné prisonnier qui souffrait horriblement d'une fièvre nerveuse, craignant à tout moment une de ces visites, imagina de l'envelopper d'une couverture et de le déposer dans un endroit fort sale, d'où elle ne pouvait le tirer que quand les rues et les maisons étaient tranquilles. Enfin, elle parvint à le cacher jusqu'au 2 septembre, quand parut un ordre pour toutes les sections de procéder à des perquisitions extrêmement sévères et à différentes heures de la nuit dans chaque maison. Il devint alors impossible à madame Meyler de garder plus longtemps M. de Champcenetz, et comme elle savait que je n'étais plus à Paris depuis le 10 août, elle m'écrivit la lettre, dont j'ai déjà parlé, en me priant de venir à Paris.

NOTES

1. Duc Claude-Antoine de Choiseul (1760-1838). Aide de camp de Louis XVI, il prépara, avec Fersen et Bouillé, la fuite du roi.

2. Charles de Damas (1758-1829), gentilhomme d'honneur du comte de Provence. Dans la fuite du roi, il devait conduire de Clermont-en-Argonne jusqu'à Varennes.

3. Roger de Damas (1765-1823). Il se battit sous les ordres du prince de Condé.

4. Comte Emmanuel de Pons-Saint-Maurice, lieutenant général.

5. Jean-Baptiste de Virmeur, comte de Rochambeau (1725-1807), maréchal de France ; il obtint, en 1790, le commandement de l'armée du Nord.

6. Antoine Santerre (1752-1809), brasseur et commandant de la Garde nationale ; c'est lui qui conduisit Louis XVI au Temple, puis à l'échafaud. Il fut ensuite nommé général de division de l'armée de Vendée.

7. Louise Rosalie Lefebvre, dite madame Dugazon (1755-1821). Elle entra à l'Opéra comme danseuse en 1774, joua les amoureuses, les soubrettes, les paysannes, puis les mères, et se retira en 1804. Elle était du parti des Aristocrates.

Les Événements imprévus, opéra en 3 actes de Grétry, pour la musique, et d'Hèle, pour le livret, avait été créé en 1779 ; il fut repris (avec une nouvelle musique de Ferrari) en décembre 1791, et joué en présence de la reine le 20 février 1792.

8. Louis-Pierre Quentin de Richebourg, marquis de Champcenetz (1754-1822) ; nommé gouverneur des Tuileries en novembre 1789 ; après la prise du château, il s'enfuit en Angleterre. Il reprendra sa charge sous la Restauration.

9. Pierre-Louis de Roederer (1754-1835), député, membre du club des Jacobins. Le 10 août 1792, il sauva la vie du roi en le conduisant avec sa famille à l'Assemblée. Rallié à Bonaparte, il fut l'un des principaux agents du coup d'État du 18 brumaire.

10. M. Huskisson (1770-1830) ; son oncle le docteur Gem, médecin de l'ambassade d'Angleterre, l'avait fait venir à Paris. À son retour en Grande-Bretagne, il fut un temps sous-secrétaire d'État à la Guerre.

11. Séraphine Penny, veuve Meyler ou Miglia, modiste d'origine irlandaise, était installée à Paris depuis 1784.

12. Arnaud de Laporte (1737-1793).

13. Philippe-Louis de Noailles-Mouchy (1752-1819), prince de Poix. Capitaine des gardes du roi, il fut nommé commandant de la Garde nationale en 1789 avant de démissionner. Après le 10 août, sa tête fut mise à prix, et il s'enfuit en Angleterre.

Chapitre IV

Meurtre de la princesse de Lamballe – Incidents de l'évasion du marquis de Champcenetz. – Mes aventures en l'aidant. – Domestiques espions. – Ma terreur pendant la visite domiciliaire. – Entrevue et conversation avec le duc d'Orléans. – Le duc facilite la fuite du marquis en Angleterre.

J'ai déjà rendu compte de l'étonnement des soldats à mon entrée à Paris dans ce moment de consternation générale. Sur le boulevard, par où il me fallait passer pour aller chez madame Meyler, je rencontrai la populace portant la tête et le corps de l'infortunée princesse de Lamballe[1], et arrivant de la Force où ils l'avaient égorgée : chemin faisant, ils avaient eu la barbarie de traîner ces restes au Temple pour les montrer à la pauvre reine. Certes, en ce moment, j'eus un vif regret d'être venue à Paris ; mais en arrivant chez mon amie, quelle fut ma surprise en voyant que celui auquel elle s'était intéressée n'était autre que le malheureux Champcenetz ! Je l'avais souvent rencontré avant la Révolution, chez le duc d'Orléans, mais je n'étais pas particulièrement liée avec lui. Il était si faible alors qu'à peine il pouvait se soutenir, et je fus extrêmement impressionnée de sa position. Je pensai qu'en le faisant sortir de

Paris cette nuit même, ce qui n'était pas difficile, à ce que je supposais, il aurait beaucoup de chances pour échapper aux jacobins. Il était sept heures quand j'arrivai chez mon amie, et il y avait encore trop de jour pour nous aventurer par les rues dans un cabriolet avec ce malheureux : force était donc d'attendre qu'il fît tout à fait nuit. Nous allâmes alors directement à la barrière de Vaugirard, qui était notre chemin pour sortir de Paris. Je ne doutais pas qu'en montrant mon passeport on ne me laissât sortir immédiatement : je fus donc foudroyée d'étonnement, quand je vis qu'ils refusaient de me laisser passer, quoique je leur jurasse que je n'avais pas de domicile à Paris et que je ne saurais où aller. Je les suppliai, pour l'amour de Dieu, de me laisser retourner chez moi, mais toutes les instances furent inutiles : leur consigne était telle, qu'ils me dirent que je ne pourrais sortir par aucune barrière, et ils me conseillèrent de m'en aller et de me chercher un lit, sans quoi je serais sûre d'être arrêtée dès qu'il serait dix heures, parce qu'à ce moment on commençait les visites domiciliaires et qu'on ne permettait plus aux voitures de stationner dans les rues.

On peut aisément se figurer l'horreur de ma position et de celle de Champcenetz : il était presque mort d'inquiétude, mes genoux s'entre-choquaient de peur et la chaleur de la nuit ajoutait à ma détresse. J'ordonnai à mon cocher de retourner, et il me demanda où il devait aller. Je ne savais que dire, je craignais d'éveiller les soupçons des gardes, qui n'étaient pas aussi polis que ceux du matin : je n'osais pas aller chez moi avec Champcenetz, parce que mes gens le connaissaient et que j'avais une cuisinière jacobine à laquelle je ne pouvais pas me fier. Puis, je n'étais pas rentrée dans ma maison depuis le 10 août, et mes gens auraient été fort surpris de me voir arriver si tard et avec un homme : je dis donc au cocher de nous mener à la barrière d'Enfer, d'où je pouvais aussi me rendre à Meudon. Là, je ne réussis pas davantage ; mais comme Champcenetz n'ouvrait pas la bouche, je commençai à craindre de devenir suspecte à notre cocher et je lui dis de nous mener aux allées des Invalides, sur le boulevard, pensant à mon ami le jardinier, quoique sans grande espérance. Il était dix heures et j'avais une peur affreuse de rencontrer les patrouilles. Heureusement nous arrivâmes à l'endroit où nous devions quitter notre cabriolet. J'eus toutes les peines du monde à en descendre à cause de mon trouble, mais je ne puis exprimer mes alarmes lorsque je vis notre cocher soutenant Champcenetz, qui n'était pas en état de tenir debout. Je prétendis être furieuse et que mon domestique était ivre. Le cocher me répondit qu'il en était bien fâché, mais qu'il lui fallait s'en retourner chez lui et qu'il n'avait nulle envie de se faire arrêter pour nous. Il partit donc et nous restâmes, Champcenetz et moi, pendant deux minutes, assis par terre, au pied d'un arbre. L'air le remit bientôt un peu, et il se trouva en état de marcher.

Nous nous attendions à être arrêtés à tout moment, et, dans ce cas, nous n'avions pas longtemps à vivre, ne pouvant espérer aucune grâce. Nous prîmes une avenue qui menait chez mon jardinier, mais quel fut notre effroi en voyant des troupes à l'autre bout de l'avenue et une patrouille qui venait au-devant de nous ! M. de

Champcenetz était toujours très malade depuis sa fièvre, et me trouvant hors d'état moi-même de le soutenir, tant étaient grandes l'agitation et la faiblesse que me donnait la certitude du danger, je me mis à fondre en larmes. Lui, le malheureux, me conseilla de le livrer à la première patrouille, et de sauver ainsi ma vie, exprimant toute l'horreur qu'il éprouvait de la cruelle situation où il m'avait mise et de la certitude que nous n'avions plus aucune chance de nous sauver.

Cette pensée était affreuse, mais, quand l'échafaud se serait dressé devant moi, je ne l'aurais pas abandonné, ni lui, ni tout autre dans une pareille position. Je repris un peu de courage ; nous retournâmes sur nos pas, et, traversant le pont neuf du palais Bourbon, nous arrivâmes aux Champs-Élysées, échappant heureusement à deux patrouilles. Mais, arrivés là, je fus aussi embarrassée que jamais. Qu'allions-nous devenir ? Il était près de onze heures et on ne rencontrait plus dans les rues que des soldats : nous ne pouvions manquer d'être découverts par eux. J'étais très près de ma maison, que je pouvais voir des Champs-Élysées, mais comment risquer d'y aller avec mon malheureux compagnon ? J'aurais aussi bien fait de le livrer aux soldats que de l'exposer à être vu par ma cuisinière. J'aurais pu compter sur ma femme de chambre et sur le portier, mais je n'osais pas. J'étais exténuée et Champcenetz défaillait. Il me pria encore de l'abandonner et de rentrer tranquillement chez moi. Je lui jurai que je n'en ferais rien, et que, puisque j'avais entrepris de le sauver, j'en viendrais à bout ou je périrais avec lui. Champcenetz me demanda alors si je croyais que nous pussions parvenir jusqu'à Monceaux, chez le duc d'Orléans, et nous cacher dans le jardin, Monceaux se trouvant dans l'enceinte de Paris et peu éloigné de l'endroit où nous étions. Il pensait qu'on n'y ferait pas de visites domiciliaires et que, si le duc apprenait notre présence, il ne dirait rien à cause de moi, ajoutant qu'il se rappelait une place où nous pourrions arriver sans être vus. Ce plan ne me plaisait pas, parce que je n'avais pas entendu parler du duc depuis quelque temps, que je ne savais pas où il était et que je m'étais toujours méfiée de ses gens ; mais c'était là notre seule et dernière ressource.

Il m'était difficile de gagner Monceaux par un chemin détourné sans passer devant ma porte et à travers champs. Quand nous arrivâmes au bout de la rue de Miroménil, où je demeurais, je vis mes gens assis à la porte et, parmi eux, ma cuisinière jacobine : cette vue m'alarma beaucoup. Il y avait près de ma maison un bâtiment qui n'était pas encore achevé, et je persuadai M. de Champcenetz d'y pénétrer pendant que j'irais chez moi pour voir ce qu'il y aurait à faire. Il y entra et j'allai trouver mes gens, qui furent fort effrayés en me voyant arriver, seule et à pied, à une pareille heure, il était près de minuit, pendant qu'ils me croyaient à la campagne. Je leur dis que j'avais appris à Meudon toutes les horreurs qui se passaient à Paris, que je n'avais pu rester tranquille à la campagne, que j'avais pris un cabriolet jusqu'aux barrières d'où je venais à pied. Ils me racontèrent tous les meurtres qui avaient été commis, et je fis venir ma cuisinière dans ma chambre pour lui dire que je n'avais rien mangé de la journée, que je mourais de faim et que, quand cela devrait coûter dix louis, il me fallait un poulet rôti et une salade. Elle m'assura qu'on ne laissait circuler personne dans les rues, qu'elle serait arrêtée et qu'elle ne trouverait rien à acheter à une pareille heure. Je lui dis d'essayer, ou que je la renverrais de chez moi le lendemain. Au moment où elle sortait de ma chambre, M. de Champcenetz frappait à ma porte ; il avait été épouvanté en voyant les patrouilles entrer dans la rue et savait à peine ce qu'il faisait. À son entrée dans ma chambre, moi et mes gens nous poussâmes des cris ; je prétendis ne l'avoir pas vu auparavant et je lui demandai comment il avait eu l'idée de venir chez moi à une pareille heure et dans un si affreux moment. Il me comprit et me dit qu'il avait paru devant le maire, qu'il avait été interrogé et acquitté, qu'on lui avait permis de retourner chez lui, à Monceaux, près du château du duc d'Orléans. Ma cuisinière lui dit que l'échafaud avait été dressé pour lui toute la journée, qu'on avait mis sa tête à prix, mais qu'elle ne lui ferait aucun mal, quoiqu'elle le connût pour un sale aristocrate ; elle ajouta qu'elle s'étonnait qu'il fût venu chez moi pour me compromettre et les exposer tous à être arrêtés comme des conspirateurs.

Je feignis d'être furieuse, et Champcenetz dit qu'il allait partir sans retard. La cuisinière nous quitta, comme je le lui avais commandé, et je restai avec le portier et sa femme, ma femme de chambre étant sortie parce qu'elle craignait qu'un de ses fils n'eût été tué. Mon portier me dit que je ne pouvais pas me rendre chez le duc d'Orléans, parce que les visites domiciliaires avaient commencé : ceci posé, nous ne savions que faire du malheureux Champcenetz, car ma cuisinière, que j'étais parvenue à éloigner, allait bientôt rentrer. M. de Champcenetz avait la tête perdue et tombait d'inanition. Mon portier me donna l'idée de le cacher entre les matelas de mon lit, qui était fort grand et placé dans une alcôve. Nous tirâmes donc deux matelas en dehors des autres en réservant un espace près du mur et nous l'y plaçâmes. Quand il y fut, nous nous aperçûmes que le lit avait un air bouleversé qui pouvait le rendre suspect ; je me décidai donc à me mettre au lit moi-même, ce qui devait éloigner l'idée d'une personne cachée. Tous mes rideaux étaient relevés, mes flambeaux et mes candélabres étaient allumés, ce qui formait une vingtaine de lumières : les chambres à coucher, en France, sont très richement ornées. Ma cuisinière revint bientôt et je la fis asseoir près de mon lit pour le reste de la nuit : elle dit des horreurs de M. de Champcenetz, affirmant qu'il était sûr d'être guillotiné et qu'elle espérait bien que je l'avais renvoyé ; enfin, elle n'eut pas la moindre idée de sa présence chez moi.

Ma femme de chambre revint alors. Elle avait vu son fils. C'était une excellente femme, aussi fidèle que possible, mais, comme elle n'était pas là au moment où nous avions caché Champcenetz, je pensai qu'il valait mieux ne rien lui en dire jusqu'à ce que la visite domiciliaire fût passée. J'avais près de mon lit une tasse de vin chaud ; ma femme de chambre et ma cuisinière ayant quitté un moment l'appartement pour voir ce qui se passait, je pus en donner une cuillerée à Champcenetz ; j'étais mortellement effrayée, car l'entendant respirer péniblement, je le croyais mourant, et je m'attendais à toute minute à ce que le malheureux, cause de ma misère, était étendu mort près de moi, car, par moments, je ne l'entendais plus respirer.

À quatre heures moins le quart, ma cuisinière se précipita dans ma chambre, en me disant que la troupe était dans la cour et que les officiers municipaux allaient entrer. Ni plume ni paroles ne peuvent donner la moindre idée de ce que j'éprouvai alors. Je sentais que j'étais perdue, sans pouvoir me rendre compte de l'endroit où j'étais ; mais un profond soupir de mon compagnon me rappela à moi-même en un instant et Dieu m'inspira plus de courage que je n'en eus jamais dans ma vie. L'horreur que me causaient les atrocités qui se commettaient était si forte, que certainement je serais montée avec plaisir sur l'échafaud. Si les soldats étaient entrés alors dans ma chambre, je me serais perdue avec Champcenetz, car j'étais déterminée à braver tous les dangers et à me livrer à eux. Heureusement ils visitèrent toutes les parties de la maison avant d'entrer chez moi ; ils retournèrent et mirent en pièces les lits de tous mes gens, enfonçant leurs baïonnettes dans les matelas et les lits de plume, jurant qu'ils ne quitteraient pas la maison qu'ils n'eussent trouvé Champcenetz. Ma femme de chambre et ma cuisinière, ne le sachant pas dans la maison, se montraient hardies et sans crainte ; mais ces hommes disaient qu'on l'avait aperçu entrer chez moi et qu'on ne l'avait pas vu sortir.

Cette longue perquisition me donna le temps de me remettre et de considérer de sang-froid ma déplorable position. Quoique ma propre vie fût de peu de valeur, je n'avais aucune raison de supposer que mon infortuné voisin ne prisât pas davantage la sienne. Je ne me trouvais donc aucun droit de commettre un acte de désespoir, puisque la vie d'un de mes semblables dépendait de ma conduite. Telles étaient mes réflexions, lorsque ces misérables pénétrèrent violemment dans ma chambre en poussant d'affreuses imprécations. J'étais alors parfaitement calme, pleine de présence d'esprit et vraiment inspirée par un courage surnaturel ; les flambeaux étaient tous allumés, le jour commençait à poindre et ma chambre ressemblait plutôt à une salle de bal qu'au théâtre de pareilles horreurs. Ils vinrent droit à mon lit et me dirent de me lever. L'un d'eux pourtant, moins grossier que les autres, dit qu'il n'y avait pas lieu de me faire sortir du lit, puisque je ne pouvais pas m'habiller devant tant d'hommes : ils étaient plus de quarante. Je lui répondis aussitôt que je me lèverais avec plaisir, s'ils le désiraient, mais que j'avais passé une bien triste nuit et que j'étais très fatiguée. « Je vous avais attendus de meilleure heure, leur dis-je, et j'avais espéré passer le reste de la nuit en repos. » Je leur avouai que j'avais été fort effrayée d'une pareille visite à la fin de la nuit, mais que, reconnaissant maintenant combien ils étaient bons, obligeants et discrets, mes alarmes s'étaient tout à fait dissipées ; que je me lèverais s'ils le voulaient et que je les mènerais moi-même dans toute la maison. J'ajoutai qu'ils étaient, sûrement très fatigués et je leur proposai du vin, des liqueurs et un pâté froid.

Quelques-uns des chefs furent enchantés de moi, firent quelques plaisanteries grossières, avouèrent qu'aucun de ceux qu'ils avaient vus cette nuit n'avait été à moitié aussi poli que moi ; qu'ils étaient désolés de n'être pas venus plus tôt, afin de me laisser encore une bonne nuit après leur départ ; qu'ils ne me feraient pas lever, mais qu'ils étaient obligés de continuer leur visite et de chercher partout, dans et sous mon lit. Ils se contentèrent pourtant de toucher le haut et le pied du lit et regardèrent ensuite dessous ; ils défirent aussi tous les coussins des sofas, dans ma chambre, mon boudoir et le salon ; ils regardèrent dans ma salle de bains et passèrent une heure dans ma chambre et dehors. Je m'attendais à tout moment à les voir fouiller encore mon lit, car quelques-uns d'entre eux murmuraient en disant que je devais me lever, parce qu'ils étaient sûrs que Champcenetz était chez moi. Je leur représentai qu'ils connaissaient ma cuisinière et qu'ils pouvaient lui demander la manière dont je l'avais reçu, et dont je l'avais immédiatement chassé de chez moi. La cuisinière confirma la vérité de mes paroles, ajoutant qu'elle était sûre que je n'aurais pas donné asile à un si grand ennemi du duc d'Orléans. Ils dirent que nous aurions dû le livrer à la justice et les envoyer chercher pour le prendre, que cela aurait fait leur fortune. Je répondis que, bien que je ne l'aimasse pas, je ne voulais dénoncer personne. Ils déclarèrent que dans ce cas j'étais une mauvaise citoyenne et qu'ils voulaient absolument savoir où le trouver. Je répliquai qu'il avait assuré qu'il s'en allait chez lui. Ils ne pensaient pas, dirent-ils, qu'il l'eût fait, mais que, s'il était à Paris, ils le trouveraient dans les vingt-quatre heures. Ils revinrent à mon lit et l'un d'eux s'assit dessus.

On peut supposer dans quelles transes était ce pauvre Champcenetz pendant cette longue visite ; je ne l'avais entendu ni remuer, ni respirer.

Enfin ces misérables m'engagèrent à prendre un peu de repos et me souhaitèrent une bonne nuit. Ils restèrent quelque temps encore dans la maison, et je continuai à ne pas bouger ; j'entendis enfin les portes se fermer et mes gens entrèrent dans ma chambre pour m'annoncer qu'ils étaient tous partis. J'eus alors une violente attaque de nerfs par suite de l'épouvante que j'avais eue ; mais, m'étant un peu remise, je dis à ma cuisinière et aux autres domestiques de me laisser et d'aller se coucher, parce que je voulais prendre quelque chose et tâcher de dormir. Je fis fermer ma porte au verrou par ma femme de chambre et je lui découvris ce que j'avais fait et qui était caché dans le lit. Elle poussa un cri d'effroi et avoua qu'elle n'aurait jamais eu le courage de supporter la visite, si elle l'avait su.

Nous tirâmes le prisonnier hors du lit avec beaucoup de difficultés, parce que, en entendant les soldats entrer dans la chambre, il avait essayé de garder sa respiration autant que possible, et qu'il était suffoqué, sans voix et aussi trempé de sueur que s'il avait été dans un bain. Nous l'étendîmes par terre, en ouvrant les fenêtres, et ma femme de chambre lui fit prendre un grand verre d'eau-de-vie. À la fin, il revint à lui, m'exprima toute sa gratitude et me dit combien il avait été effrayé et surpris de mon courage en présence de ces hommes, surtout quand j'avais offert de me lever.

J'étais très souffrante des agitations que j'avais subies depuis vingt-quatre heures ; nous essayâmes de faire un lit dans le boudoir pour notre hôte, mais nous étions obligées de prendre toute sorte de précautions à cause de ma cuisinière, aucun de mes gens ne s'étant couché à une heure aussi avancée. Nous fermâmes le boudoir et ma femme de chambre en emporta la clef. Je me couchai alors, mais il me fut impossible de dormir et je sonnai à deux heures, presque morte d'agitation. Je me levai pourtant et ma femme de chambre entra chez notre prisonnier, qu'elle trouva avec une fièvre ardente et presque le délire : il pleurait et était dans un état déplorable. Nous fûmes frappées de la crainte d'être découvertes ; s'il était mort, où aurions-nous pu le mettre et qu'aurions-nous fait ?

Nous réfléchissions à tout cela quand le duc d'Orléans entra. Il allait à sa maison de Monceaux, et, voyant mes portes ouvertes, il avait demandé si j'étais en ville. Il fut frappé de ma mauvaise mine et de mon air de détresse et désira en connaître la cause. Je lui fis la même histoire qu'à mes gens la veille au soir, et je lui racontai l'abominable visite que j'avais eue la nuit et combien elle m'avait effrayée. Il m'assura que, si je n'avais personne de caché chez moi, il n'y avait pas lieu de m'alarmer si fort, mais que, si j'en avais, ma position était vraiment dangereuse. Je lui dis que je n'avais pas été assez heureuse pour sauver quelqu'un dans cette horrible nuit ; que j'aurais désiré que cela pût être, même au péril de ma vie ; que ces scènes de la veille et de cette nuit me paraissaient effroyables et que j'espérais qu'elles étaient faites pour guérir tous les admirateurs de cette hideuse révolution. Le duc répondit : « Elles sont en effet terribles, mais dans toutes les révolutions on a toujours versé beaucoup de sang, et, une fois commencées, on ne peut pas les arrêter quand on veut. » Il me parla de l'abominable meurtre de madame de Lamballe, de sa tête qu'on lui avait apportée au Palais-Royal pendant son dîner. Il me parut très impressionné de cette mort, et il avait fait, me dit-il, tout ce qui était en son pouvoir pour l'empêcher. D'après ce que j'appris ensuite, je suis sûre qu'il me disait vrai, car je l'ai toujours entendu exprimer une vive affection pour cette princesse infortunée. Il resta quelque temps avec moi ; il était triste et dit que les révolutions devaient être très bonnes et très utiles pour nos enfants, car elles étaient vraiment terribles pour ceux qui en étaient témoins et qui les subissaient.

Je lui exprimai mes regrets qu'il ne fût pas resté en Angleterre, lorsqu'il y était ; il me répondit qu'il l'aurait désiré, mais qu'on n'aurait pas voulu le lui permettre ; qu'on l'avait accusé d'avoir quitté la France par peur de Lafayette et pour avoir attenté à la vie du roi. Il ajouta que rien n'avait pu le tenir éloigné de France dès qu'il eut connaissance de ces bruits. Par sa présence, il voulait montrer au monde qu'il ne craignait pas Lafayette ; qu'il avait toujours été cruellement traité par la cour ; que, quand il agissait avec une bonne intention, on lui imputait de mauvais motifs. Il m'assura qu'il avait toujours envié la vie d'un gentilhomme campagnard anglais, et que, pendant que ses ennemis l'accusaient d'avoir voulu se faire roi, il aurait volontiers échangé sa position et toute sa fortune contre une petite propriété en Angleterre, avec les privilèges de ce délicieux pays, qu'il espérait revoir encore.

Il me demanda si je le croyais assez dénaturé pour parcourir les rues de Paris, dans de pareils jours, sans se sentir profondément malheureux. Je lui conseillai alors de s'arracher aux mains des misérables qui l'entouraient, et de ne pas les laisser abuser de son nom pour commettre de si horribles attentats.

« Tout cela, me dit-il, semble facile à faire dans votre salon ; je voudrais bien que cela le fût autant en réalité ; mais je suis dans le torrent, je dois m'élever ou tomber avec lui. Je ne suis plus le maître de mon nom ni de ma personne, et vous ne pouvez pas juger de ma position, qui n'est pas agréable, je vous assure. Ne me tourmentez pas davantage ; ne parlez comme vous le faites ni à vos gens ni à qui que ce soit, car nous sommes entourés d'espions, et, si vous tombez dans l'embarras, je ne pourrai pas vous en tirer. Aussi, pour l'amour de Dieu, gardez vos opinions politiques pour vous-même, et ne me tourmentez plus sur ce sujet, ce serait tout à fait inutile. »

J'étais à moitié tentée de lui parler de Champcenetz, mais je ne voulus pas le faire avant de savoir si ce dernier l'approuverait, parce que le duc le détestait, en l'accusant d'ingratitude à son égard depuis la Révolution ; le duc avait donné à Champcenetz un de ses propres régiments, quoique la reine le lui demandât pour un autre ; elle en avait été extrêmement blessée. En effet, jamais aucun régiment de prince du sang n'avait été donné à un homme du rang de Champcenetz, ils avaient toujours été réservés pour l'ancienne noblesse. Au début de la Révolution, Champcenetz se comporta fort mal vis-à-vis du duc et il lui était devenu très désagréable. J'étais donc obligée d'être plus circonspecte en lui parlant à ce sujet, quoique je fusse bien certaine que je pouvais compter sur lui et n'eusse pas la moindre crainte qu'il abusât de ma confiance.

Le duc me dit qu'il regrettait que je fusse revenue à Paris, qu'il craignait que je n'en pusse pas sortir de quelques jours, parce que les barrières devaient rester fermées tant qu'on continuerait à rechercher les conspirateurs. J'en étais désolée, parce que je ne savais comment garder mon malheureux prisonnier dans ma maison, tant il y avait d'espions autour de moi ; on pouvait, en outre, me faire encore une visite de nuit. Je priai donc le duc d'essayer par son crédit de m'avoir un passeport, mais il m'affirma qu'il n'en avait pas assez pour l'obtenir, et que, puisque j'avais fait la folie de revenir à Paris dans un pareil moment, il valait mieux y rester tranquille, sans voir personne, et repartir pour Meudon dès que les barrières seraient ouvertes. En agissant ainsi, personne ne penserait à moi, tandis que, si je paraissais pressée de quitter Paris, on pourrait soupçonner quelque chose.

Il me dit que c'était Robespierre qui était chargé de la direction des barrières ; que c'était un homme qui lui était odieux et qui détestait les Anglais. Le duc alors prit congé de moi, après être resté à peu près trois heures. Il m'assura qu'il viendrait me voir le lendemain, avant d'aller à la Convention, où il était obligé de se trouver à midi. Il ajouta qu'il me trouvait l'air souffrant, et m'engagea beaucoup à voir son médecin, qui se nommait Seffert ; mais je refusai de le recevoir.

Aussitôt après le départ du duc, j'envoyai ma femme de chambre dans la pièce où notre prisonnier avait été pendant toute la visite, dans une grande inquiétude, n'ayant pas perdu un mot de tout ce qui s'était dit. Il était étonné que je n'eusse pas avoué la vérité ; le prince paraissait bien disposé, et s'il avait connu la dangereuse position où j'étais en conservant mon prisonnier chez moi, il aurait peut-être trouvé un moyen de me faire sortir de Paris par le mur d'enceinte, dont une partie était dans son jardin.

J'assurai Champcenetz que, si je n'avais rien dit au duc, c'était uniquement parce que je ne croyais pas convenable de divulguer un secret de cette importance sans avoir son consentement, mais que, ce prince revenant le lendemain matin, je lui ferais connaître l'exacte vérité. Il répondit qu'il désirait voir le duc, afin de pouvoir se laver de sa prétendue ingratitude, ajoutant qu'il ne lui avait pas été possible de quitter le roi, en sa qualité de gouverneur des Tuileries, et qu'ainsi il n'avait pas été en son pouvoir de rendre au duc les respects qu'il lui devait.

Le lendemain matin, 4 septembre, le prince vint déjeuner avec moi avant onze heures ; il était fort triste. Je lui demandai s'il se commettait encore de nouvelles horreurs, il dit qu'il n'en savait rien, qu'il venait de Monceaux, mais qu'il apprendrait des nouvelles à la Convention.

« J'espère, lui dis-je, que la famille royale se porte bien et que l'on la traite convenablement dans cet affreux Temple.

– Je crois et j'espère qu'il en est ainsi, me répondit-il, quoique je sois sûr qu'ils s'inquiéteraient fort peu de moi, si j'étais dans une position encore plus mauvaise. »

Je lui demandai comment on pouvait garder en prison le malheureux roi et son innocente famille : « Parce que, dit-il, étant libre, il était trop mal entouré et qu'il a rompu le serment qu'il avait prêté à la nation. »

Je dis alors au duc aussi tranquillement que possible ce que j'avais fait : il en parut fort étonné et m'assura que je serais découverte, que j'étais dans un danger imminent, que certainement Champcenetz ne pourrait en aucune manière sortir de Paris, qu'il serait arrêté et que nous serions exécutés tous les deux.

Je le priai alors d'aider Champcenetz à sortir de Paris ou de lui permettre de se cacher chez lui à Monceaux. Le duc m'affirma que ce plan était impossible, que tous ses gens étaient les espions des Jacobins, que la partie du mur de ville dont je parlais était entourée de troupes, qu'enfin il ne voyait aucun moyen de le faire échapper. Il ajouta qu'il était désolé de l'embarras où je m'étais mise, que je devais être prudente et ne confier ce secret à personne, mais essayer de le cacher jusqu'à l'ouverture des barrières et alors de me défaire de lui aussitôt que possible, quoique, en réalité, ajoutait-il, il eût bien peu de chances de se sauver.

« Où l'avez-vous caché ? » me demanda-t-il. Je lui répondis que c'était au grenier, car je ne voulais pas que le duc pût savoir qu'il avait entendu notre conversation.

Il répliqua que j'avais exposé ma vie pour un triste motif, que ce Champcenetz n'était bon à rien, qu'on en avait pris et exécuté qui valaient bien mieux que lui, qu'il aurait désiré que j'en eusse pu sauver un autre, qu'enfin il serait bien cruel que je perdisse la vie, pour un tel misérable.

J'étais très fâchée que le marquis entendît tout cela mais je ne pouvais l'empêcher. Le duc me demanda si Champcenetz savait que je dus le mettre dans le secret.

Je l'assurai que je ne lui en avais parlé que d'après le désir de Champcenetz, qu'il donnerait tout au monde pour voir le duc, et lui expliquer sa conduite, qu'il avait espoir et même certitude du pardon, et que ce prince lui fournirait alors les moyens de sauver sa vie. Il répondit que c'était impossible, qu'il y aurait une grande imprudence à lui de voir Champcenetz, parce que mes gens le sauraient. J'affirmai qu'il le verrait sans qu'aucune créature humaine pût le savoir, excepté ma femme de chambre, qu'il connaissait pour lui être très attachée, à lui ainsi qu'à moi. Il ne parut pas s'en soucier et, regardant sa montre : « Il faut, dit-il, que j'aille tout de suite à la Convention ; je suis presque d'une heure en retard ; je regrette vivement de vous laisser dans la position dangereuse, où votre imprudence vous a mise ; je tâcherai de voir ce que je peux faire pour que cet homme sorte de chez vous, mais je vous engage à garder pour vous vos opinions. Plût à Dieu que vous fussiez en sûreté en Angleterre ! Je crains fort qu'il ne vous arrive quelque chose ici. » En partant, il me promit de revenir le lendemain, et je m'aventurai à lui dire : « Et vous parlerez à Champcenetz ? – Nous verrons cela », répondit-il.

Quand je vins voir le prisonnier, je le trouvai aussi mal que possible et très alarmé de la manière dont le duc avait parlé de lui ; il le croyait parti pour le faire arrêter. Je le persuadai qu'il n'avait rien à craindre à ce sujet, que je pensais que le duc le verrait et tâcherait de faire quelque chose pour lui le lendemain.

Ma femme de chambre passa tout le reste de la journée et la soirée dans la chambre de Champcenetz, tâchant de le consoler. Nous fûmes obligées de lui donner de l'éther. Chaque fois qu'il entendait frapper à la porte, il croyait que c'étaient les soldats. Quand mes gens furent couchés, j'allai dans sa chambre et je l'engageai à reprendre courage pour voir le duc le lendemain matin ; je voulais qu'il fût dans mon appartement quand le duc y entrerait, parce qu'ainsi ce prince ne craindrait pas d'être vu. Ma femme de chambre guetterait l'arrivée du duc et l'en préviendrait. Il y consentit difficilement, tout en me faisant remarquer que, sa vie étant entre mes mains, je pouvais agir comme je voudrais. Champcenetz vint donc dans ma chambre et, dix minutes après, le duc arriva. Il tressaillit en voyant Champcenetz qu'il salua et pria de s'asseoir. Le malheureux tremblait si fort qu'il pouvait à peine se tenir debout ; le duc s'en aperçut et, se tournant vers moi, il me parla de ma santé. Je faisais le thé et, quand j'eus donné au duc sa tasse, il se tourna vers Champcenetz et lui dit :

« Cela ne vaut rien pour vous ; vous avez été enfermé longtemps et vous paraissez faible et souffrant : un bouillon vaudrait mieux.

– Monseigneur, vous êtes la bonté même, répondit Champcenetz, je vous ai paru bien ingrat, mais je voudrais expliquer ma conduite à Votre Altesse.

– Monsieur de Champcenetz, pas d'explications, répliqua le duc d'un air très grave ; nous ne parlerons ni du passé ni d'aucun autre sujet, sinon de la situation de cette excellente personne qui tâche de sauver votre vie aux dépens de la sienne ; elle est souffrante et je crains que, pour vous et pour elle, la position ne soit très critique. Je voudrais vous être utile à cause d'elle, mais je crains que ce ne soit pas possible. Vous et moi devons oublier que nous nous sommes vus avant ce jour, car nous ne nous retrouverons jamais dans le même lieu, et je désire que votre nom ne soit jamais prononcé devant moi. Il y a longtemps que mon opinion est fixée sur votre compte. Je suis très fâché que vous ne puissiez sortir d'ici, car je ne serai pas tranquille, tant que vous serez dans cette maison. » Il parla alors de choses indifférentes, mais pas un mot de politique. À la fin, il regarda sa montre et partit.

Je ne le vis pas le lendemain, mais j'eus de ses nouvelles. En un mot, je gardai Champcenetz chez moi jusqu'à l'ouverture des barrières, sans que mes gens et ma cuisinière jacobine s'en aperçussent. Dès que je pus, je l'emmenai à Meudon, où il n'était pas fort en sûreté, parce qu'il était aussi gouverneur du château de Meudon et très connu de tous les habitants. Heureusement ma maison était solitaire, et, à l'exception d'un vieux gentilhomme et de sa femme, qui étaient nos seuls voisins et chauds royalistes, personne que ma femme de chambre ne le sut à Meudon, quoique les perquisitions continuassent à Paris pour le trouver, jusqu'à ce que quelqu'un dît qu'il l'avait vu parmi les morts au 10 août. Cela, je le présume, calma l'ardeur des recherches.

Je fus plus inquiète, quand je sus par le duc que les visites allaient commencer à Meudon. À cette époque, il m'envoya un de ses anciens valets de chambre, qui était royaliste, avec une lettre où il me disait que la malle-poste, qui s'arrêtait à Saint-Denis, emmènerait pour cinquante louis Champcenetz à Boulogne, d'où il pourrait facilement passer en Angleterre. Le duc m'envoyait aussi une lettre pour le maître de l'hôtel du Pavillon royal, à Saint-Denis. Je ne dis pas à Champcenetz d'où me venaient ces renseignements, parce qu'il aurait pris l'alarme et aurait refusé d'y aller, mais je le convainquis que Meudon était dangereux et que je pouvais maintenant le diriger sur Boulogne.

Nous partîmes donc en cabriolet avec lui, mon vieux voisin le royaliste et moi, à trois heures du matin, pour Saint-Denis ; la malle-poste arriva une heure après. Nous nous arrangeâmes avec le conducteur en lui donnant ses cinquante louis, et je vis enfin s'éloigner ce pauvre Champcenetz déguisé et parfaitement méconnaissable. Il y avait aussi d'autres émigrants dans la voiture. C'était en janvier et il faisait nuit noire.

Quelques années après, je sus que Champcenetz avait gagné l'Angleterre sain et sauf, même avant, je crois, la mort du malheureux Louis XVI.

Après son départ, les choses allèrent de mal en pis, et enfin, le 21 janvier, les Parisiens égorgèrent leur vertueux et infortuné monarque.

NOTE

1. Marie-Thérèse de Savoie-Carignan, princesse de Lamballe (1749-1793), fut massacrée à la prison de la Force, le 3 septembre 1793.

Chapitre V

Mort de Louis XVI. – Le duc d'Orléans promet de ne pas voter. – Visite des ducs d'Orléans et de Biron chez moi. – Conversation relative à la mort du Roi. – Le duc d'Orléans manque à sa promesse solennelle. – Anecdote d'un domestique dévoué du roi. - Terreur générale. – Ma maladie. – Le duc envoie savoir de mes nouvelles. – Je désire partir pour l'Angleterre. – Le duc incapable de m'en fournir les moyens. – Je lui reproche sa conduite et son vote dans le procès du Roi. – Sa défense. – Effroi de la comtesse de Périgord. – Elle me demande de l'aider à s'enfuir. – M. de Malesherbes. – Une autre visite domiciliaire. – Madame de Périgord cachée dans un cabinet. – Triste position du duc d'Orléans. – Mon arrestation.

Ce fut alors que les républicains parlèrent de mettre le malheureux roi en jugement ; mais cette idée parut si infâme et si monstrueuse, que personne ne put supposer qu'ils osassent commettre un pareil attentat. Tout le monde sait pourtant que ce crime fut commis à la face de la France entière, et que ces monstres poussèrent l'audace et la vengeance jusqu'à la dernière extrémité, en faisant monter sur l'échafaud le plus vertueux et le meilleur des rois, comme un criminel vulgaire.

Je dois parler ici de mon malheureux ami le duc d'Orléans, sur la conduite duquel, depuis ce moment, je voudrais jeter un voile, car rien au monde ne peut l'excuser ; d'autant plus qu'il s'était engagé vis-à-vis de moi, de la manière la plus solennelle, à ne pas se laisser entraîner à voter, à moins que ce ne fût pour le salut du roi.

Quelques jours avant que le sort de Louis XVI ne fût décidé, le duc de Biron vint me voir un matin et me pria de lui dire sa bonne aventure. Je m'amusais souvent à tirer les cartes et je prétendais y lire l'avenir. Il était extrêmement superstitieux et croyait sincèrement que je lui avais dit quelques vérités avant son départ pour l'armée. Je répondis que j'aurais bien désiré que le duc d'Orléans et lui eussent cru plus sérieusement les choses que je leur avais dites, parce qu'alors le roi eût gardé sa couronne, qu'ils auraient vécu eux-mêmes au milieu de la tranquillité et de la joie, au lieu de passer leur vie à se cacher, sans avoir pour s'abriter une maison ou un carrosse. J'ajoutai que le procès du roi était l'événement le plus cruel et le plus abominable qu'on eût jamais vu, et que la seule chose qui m'étonnait était qu'il ne se fût pas trouvé un chevalier français assez brave pour mettre le feu au bâtiment où siégeait la Convention, brûler les scélérats qui y étaient et délivrer le roi et la reine de la prison du Temple. Il me dit qu'il était désolé du procès du roi, mais que ce qui pouvait arriver de pis était sa réclusion jusqu'à l'arrangement des affaires ; qu'assurément il y aurait des membres de la Convention qui voteraient la mort, mais que ce qui le consolait beaucoup était que le duc d'Orléans ne voterait pas, comme il le lui avait assuré.

Je n'avais jamais traité ce sujet avec le prince, et je dis en conséquence au duc de Biron que je désirais que le duc d'Orléans votât pour la mise en liberté du roi. Il m'assura qu'il ne le ferait jamais, que nous devions nous contenter de son abstention, par la crainte qu'il avait que si le roi était banni de France, il n'engageât les puissances étrangères à envahir la France, ce qui amènerait la perte du duc d'Orléans et de ses amis.

J'affirmai que j'aimais mieux cet événement que de voir le duc d'Orléans voter la réclusion du roi, me doutant peu alors de ce qui devait arriver. Le duc de Biron m'exprima le désir de voir le prince chez moi, le lendemain, parce que, quand il le rencontrait chez madame de Buffon, il était trop entouré ; et, comme il devait venir le jour même, je lui donnai rendez-vous pour deux heures.

Ce fut le jeudi 17 janvier qu'ils arrivèrent tous deux. J'avais peu vu le duc d'Orléans depuis quelque temps. Je lui demandai ce qu'il pensait de l'affreux procès qui s'instruisait ; j'ajoutai que j'espérais bien qu'il n'irait pas siéger à côté de ces vils mécréants. Il me répondit que son titre de député l'obligeait à le faire. « Comment ! m'écriai-je, pourriez-vous siéger et voir votre roi et votre cousin traîné devant cette réunion de misérables, qui oseraient l'outrager en lui faisant subir un interrogatoire ! Je voudrais pouvoir être à la Convention, ôter mes souliers et les jeter à la tête du président et de Santerre, qui n'auront pas honte d'insulter leur maître et leur souverain. » Je m'emportai sur ce sujet, et le duc d'Orléans paraissait de fort mauvaise humeur. Le duc de Biron lui fit alors quelques questions sur le procès. Je ne pus m'empêcher de dire :

« J'espère, monseigneur, que vous voterez pour la mise en liberté du roi.

– Certainement, répondit-il, et pour ma propre mort. »

Je vis que le prince était en colère, et le duc de Biron dit :

« Le duc ne votera pas. Le roi en a mal usé toute sa vie avec lui ; mais il est son cousin, et il feindra une maladie pour rester chez lui, samedi, jour de l'appel nominal, qui doit décider du sort du roi.

– Alors, monseigneur, dis-je, je suis sûre que vous n'irez pas à la Convention samedi ; je vous en prie, n'y allez pas. »

Il répondit qu'il n'irait certainement pas, qu'il n'en avait jamais eu le projet, et il me donna sa parole d'honneur qu'il ne s'y rendrait pas ce jour-là, ajoutant que, quoique, selon lui, le roi eût été coupable en manquant de parole à la nation, rien ne pourrait le contraindre, lui, son parent, à voter contre Louis XVI. Ce fut là pour moi une triste consolation, mais j'en pouvais faire davantage, et les deux ducs me quittèrent.

Je ne vis personne le vendredi. Chacun paraissait inquiet de l'issue de cet abominable procès, quoiqu'il y en eût peu qui s'attendissent à la manière dont il devait finir. Comment, en effet, pouvoir imaginer qu'un pareil crime menaçât la France ?

Le samedi, je reçus un mot du duc de Biron qui me priait de venir passer la soirée avec lui, madame Laurent[1] et Dumouriez, à l'hôtel Saint-Marc, rue Saint-Marc, près de la rue de Richelieu ; que là j'apprendrais des nouvelles et qu'il espérait beaucoup que les choses puissent s'arranger. À cette époque, le duc de Biron n'avait ni maison ni domicile à Paris ; il avait été dénoncé à l'armée par un des généraux révolutionnaires nommé Rossignol[2], qui était un des meurtriers du 2 septembre. Le duc, qu'on nommait alors le général de Biron, était venu se disculper auprès du ministre de la guerre, et il logeait, pour le peu de temps qu'il devait passer à Paris, dans cet hôtel garni.

J'y arrivai à sept heures et demie et je trouvai M. de Biron et toute la compagnie fort tristes : on lui envoyait toutes les demi-heures une liste des votes, et nous voyions tous avec désespoir que beaucoup demandaient la mort du roi. On nous apprit aussi qu'à huit heures le duc d'Orléans était entré à la Convention, ce qui nous surprit tous. J'avais grand'peur qu'il ne votât pour la réclusion, car je n'ai jamais pensé à pis que cela. Chaque liste pourtant devenait plus alarmante, et enfin vers dix heures nous arriva la triste et fatale nouvelle de la condamnation du roi et du déshonneur du duc d'Orléans.

Je n'ai jamais ressenti pour personne une horreur pareille à celle que j'éprouvai en ce moment pour la conduite de ce prince. Nous étions tous dans une profonde affliction et dans les larmes. Le pauvre Biron qui était, hélas ! républicain, avait presque un accès de désespoir. Un jeune aide de camp du duc arracha son uniforme et le jeta dans le feu, en disant qu'il rougirait de le porter désormais. Il se nommait Rutan[3] et était de Nancy ; c'était un noble et excellent jeune homme, qui n'avait point émigré par affection pour le pauvre Biron, quoique de cœur il fût avec les princes. Quand ma voiture vint, je retournai chez moi, mais tout me semblait affreux et sanglant. Mes gens paraissaient frappés d'horreur. Je n'osai pas coucher seule dans ma chambre ; je fis veiller ma femme de chambre avec moi toute la nuit, avec beaucoup de lumières et en priant. Il m'était impossible de dormir : l'image de ce malheureux monarque était sans cesse devant mes yeux. Je ne crois pas qu'il soit possible de ressentir un malheur de famille plus vivement que je ne ressentis la mort du roi. Jusqu'à ce moment, je m'étais toujours flattée que le duc d'Orléans s'était laissé séduire et je voyais les choses sous un faux jour ; maintenant, toute illusion était dissipée. Je jetai dehors tout ce qu'il m'avait donné, tout ce que j'avais dans mes poches et dans ma chambre, n'osant pas garder près de moi rien de ce qui lui avait appartenu.

Telle était, en ce moment, la répulsion que j'éprouvais à l'égard d'un homme pour lequel quelque temps auparavant j'aurais donné ma vie. Nul ne peut se faire une idée de mes souffrances ; mais assurément tout ce qu'il y avait d'honnête à Paris a dû partager mes sentiments.

Le lendemain, dimanche, j'appris que les poissardes devaient aller en corps à la Convention ou à l'Hôtel de Ville pour réclamer la liberté du roi, qui devait être exécuté le lundi. Mais ces misérables firent publier dans les rues une proclamation annonçant que toute femme, qui serait trouvée dans les rues le lundi, serait mise hors la loi et qu'on ferait feu sur elle.

Je résolus alors de ne pas rester à Paris une heure de plus, et, prenant un laissez-passer à ma section, j'allai, avec ma femme de chambre, à ma maison de Meudon, pour ne pas respirer le même air que les meurtriers du roi.

Le lundi matin, 21 janvier, j'espérais à chaque instant que les Parisiens se lèveraient en masse pour sauver le roi, et, à dix heures précises, j'entendis tirer le canon. Je crus que c'était un mouvement en faveur du roi ; mais hélas ! c'était le moment où son auguste tête venait de tomber !

Meudon est sur une hauteur, et, avec une lorgnette, j'aurais pu voir la place Louis XV, où cet horrible meurtre se commettait. J'allai sur la hauteur pour tâcher de rencontrer quelqu'un venant de Paris, qui pût me parler des derniers moments du roi. Enfin, vers midi, je vis un homme monter par la route, tenant à la main un mouchoir trempé de sang. Je connaissais cet homme ; c'était un des ouvriers du roi, employé au château de Meudon, et très attaché à son royal maître. Il me raconta l'horrible catastrophe ; il avait été à Paris, dit-il, dans l'espoir de rendre des services, si quelque tentative était faite pour sauver le roi. Il était placé sous l'échafaud, et, ôtant sa cravate, il l'avait plongée dans le sang du roi, pour la garder comme « *une relique de saint Louis XVI* ». Telles furent ses propres paroles. Il m'en donna un petit morceau et mourut de douleur deux mois après, avec ce mouchoir sanglant sur son cœur. Plusieurs gardes du parc de Meudon, qui accompagnaient souvent le roi à la chasse, moururent aussi de douleur.

Le roi chassait à Meudon le 5 octobre, quand la populace vint pour le forcer d'aller à Paris ; ce fut le dernier amusement que prit Sa Majesté.

Le jour de la mort du roi fut le plus affreusement triste que j'aie jamais vu ; les nuages eux-mêmes semblaient en deuil ; personne n'osait paraître, on n'osait pas se regarder. Les Jacobins eux-mêmes semblaient craindre les reproches de leurs complices. Je restai enfermée toute la journée ; je n'appris rien de Paris ni ne voulus en rien apprendre. J'étais effrayée de l'idée d'y retourner jamais.

Depuis cette époque, tout annonça la Terreur. Robespierre devint tout-puissant. On n'osa plus élever la voix ; les amis les plus intimes n'auraient plus osé s'arrêter ni se parler ; on tremblait dans son appartement. Si on riait, on était accusé de se réjouir de quelques mauvaises nouvelles pour la République ; si on pleurait, on était accusé de regretter ses succès.

On envoyait à tout moment des soldats visiter les maisons pour y trouver des plans de conspirations : ces soldats ordinairement volaient les habitants ou se faisaient donner de l'argent, en menaçant de dénoncer ceux qui auraient refusé.

J'aurais voulu rester tranquille à Meudon, mais je fus bientôt découverte et, n'ayant jamais été en faveur près des républicains, ils me tourmentèrent par tous les moyens possibles. Ils me dénoncèrent au club des Jacobins de Sèvres, dirent que j'avais donné asile à Champcenetz et à d'autres émigrés, que j'avais des farines cachées chez moi, et qu'enfin j'étais entrée dans une conspiration dont le but était d'arracher la reine à la prison du Temple. Bref, je ne passais guère de nuits sans être dérangée par les visites domiciliaires des municipalités, non pas de Meudon, car elle était pleine d'égards pour moi, mais de Sèvres et de Versailles, qui étaient abominables. Environ six semaines après la mort du roi, je devins très souffrante, et il me fallut envoyer chercher un médecin à Paris ; ce fut le docteur Leroy, qui avait été un des médecins de la cour.

Le docteur avait fait connaître à Paris ma maladie ; en conséquence, le duc d'Orléans envoya un vieux et fidèle valet de chambre, qui était un bon royaliste, pour me voir et me remettre une lettre très affectueuse, dans laquelle il regrettait de ne pas oser venir me voir, et me priait de passer chez lui, dès que je serais bien, ajoutant que tout le monde l'avait abandonné et qu'il espérait que sa malheureuse situation lui vaudrait son pardon, si je pensais qu'il avait été coupable. Le duc envoya savoir de mes nouvelles tous les jours de Paris à Meudon, et se montra pour moi plein d'amabilités et d'attentions. Comme alors je désirais obtenir un passeport pour l'Angleterre et que personne, à ce que je croyais, ne pouvait me le procurer que lui, je désignai un jour où j'irais le voir au Palais-Royal, pour revenir le soir à la campagne. J'y allai donc et trouvai l'antichambre du duc pleine d'officiers et de généraux, c'était tout à fait un lever. Romain, le vieux valet de chambre du duc, me fit monter à ce que l'on appelait les petits appartements : l'idée de revoir le duc m'affectait et m'agitait vivement : je ne l'avais pas vu depuis son horrible vote. Romain et moi nous pleurions à la pensée de la situation actuelle du duc. Le pauvre vieillard l'aimait comme son propre fils ; il était entré à son service le jour de la naissance du prince à Saint-Cloud. Il ne s'attendait guère alors à le voir ce qu'il était aujourd'hui. Le duc vint après m'avoir fait attendre environ une heure : il était en grand deuil et semblait sérieux et embarrassé. J'étais presque défaillante, il me fit asseoir et me donna lui-même un verre d'eau : « Vous paraissez souffrante, me dit-il, mais j'espère que vous êtes tout à fait remise de votre rhume ? » Je lui répondis que ses habits noirs me rappelaient de terribles événements et que je le supposais en deuil, comme moi-même, pour la mort du roi. Il sourit d'un air contraint et me dit :

« Oh ! non, je suis en deuil de mon beau-père, le duc de Penthièvre[4].

– Je présume, dis-je, que la mort du roi a hâté la sienne, ou peut-être est-ce la manière cruelle dont le procès a été mené, et votre vote pour sa mort ? »

Ici je fondis en larmes.

« J'ose dire, m'écriai-je, qu'il est mort le cœur brisé : il en sera de même de moi ; mais vous, monseigneur, vous mourrez comme le malheureux roi, sur l'échafaud !

– Bon Dieu, dit-il, dans quel état vous êtes ! Certes, je ne vous aurais pas priée de venir si j'avais eu l'idée de tout cela. Le roi a été jugé et il n'est plus ; je ne pouvais empêcher sa mort.

– Mais, lui répondis-je, vous aviez promis de ne pas voter. »

Là-dessus, il se leva. « Ceci, répliqua-t-il, est un triste sujet ; vous ne pouvez pas, vous ne devez pas me juger. Je connais ma position ; je ne pouvais éviter de faire ce que j'ai fait. Je suis peut-être plus à plaindre que vous ne vous l'imaginez. Je suis l'esclave d'une faction plus que personne en France ; mais, quittons ce sujet ; les choses sont au pire. Je voudrais vous savoir saine et sauve en Angleterre, mais comment vous faire sortir de France ? Voilà ce que je ne vois pas. Si l'argent peut procurer un passeport, je donnerai cinq cents livres sterling. C'est là ma dernière ressource pour vous. Les chefs de l'État aiment l'argent, c'est là ce qui me donne quelque espérance. Je ferai ce que je pourrai près de quelques-uns des meneurs ; mais Robespierre, à qui je ne parle jamais, est tout-puissant. » Le duc voulut me faire déjeuner, et je pris du thé. Mais je me sentais si mal à l'aise que je ne pus lui parler que des horreurs de la Révolution, sujet qui ne semblait pas lui plaire. Il me demanda si je devais retourner dîner à la campagne. Je lui dis que j'allais dîner chez moi, à Paris, et faire faire du feu pendant quelques jours ; que je ne resterais pas à Meudon, parce que les sections de Versailles et de Sèvres en usaient trop mal avec moi. Il me répondit que, s'il en était ainsi, je ferais mieux de venir à Paris, quoiqu'il craignît que la section dans laquelle je demeurais ne fût très mauvaise et ne cherchât à me tourmenter. On disait, ajoutait-il, que j'avais été très imprudente pendant la Révolution, et il me conseillait de me taire sur ce que je pensais et de ne pas dire que je portais le deuil du roi. « Si vous voulez porter ce deuil, pour Dieu, portez-le, mais dites que c'est celui d'un de vos parents, ou bien vous tomberez dans de grands embarras, d'où je ne serai jamais en état de vous tirer. J'aurais voulu vous voir rester à la campagne jusqu'au moment où vous pourrez obtenir un passeport pour l'Angleterre ; pour mon compte, j'aurais bien voulu ne pas la quitter ; mais, maintenant, je ne la reverrai jamais. »

Je pris alors congé du duc et je me rendis chez moi, au faubourg Saint-Honoré, disant à mes gens que je reviendrais à Paris le dimanche suivant, ce que je fis.

En traversant la place Louis XV, pour aller à Meudon, je sentis un frisson me parcourir tout entière, en voyant la place où était tombée la tête de l'infortuné monarque. Paris était alors d'une tristesse mortelle ; on ne voyait dans les rues que ma voiture et deux ou trois autres. Tout le monde semblait saisi d'effroi ; on ne se faisait plus de visites. Les spectacles n'étaient remplis que par des Jacobins et des femmes de la plus vile espèce. Les députés garnissaient les meilleures loges avec des femmes perdues en bonnets rouges et vêtues en déesses de la liberté. Paris n'était qu'ordures et tumulte, et la partie honnête et tranquille de la population craignait de se faire voir et de s'habiller d'une façon convenable.

En revenant à Meudon, je trouvai une lettre de madame la comtesse de Périgord[5], femme d'Archambaud de Périgord, qui me disait qu'elle regarderait comme une grande faveur si je voulais la recevoir, qu'elle était harassée de fatigue, et qu'elle n'avait d'espoir qu'en moi, que je lui avais inspiré la plus grande confiance.

J'ai en ce moment sa lettre sous les yeux. Je lui répondis en lui donnant rendez-vous chez moi, à Paris, pour le lundi suivant. Quand je la vis, elle me dit qu'elle était la plus malheureuse femme du monde ; que sa section avait découvert que son mari avait été caché dans Paris, et qu'elle ne savait ce qui adviendrait d'elle et de ses enfants. Elle pensait que je pourrais, par le duc d'Orléans, lui procurer les moyens de s'échapper ; qu'elle voulait passer en Angleterre, et que sa tante, madame de Sénozan[6] et son oncle, le vénérable et vertueux Malesherbes, étaient désolés de sa position. Elle déclara qu'elle était prise de terreur, qu'elle voulait s'enfuir ou se tuer, parce qu'elle ne pouvait vivre ainsi plus longtemps. Elle dit qu'étant riche comme elle l'était, on l'égorgerait certainement ; qu'elle avait des bijoux, quelque argent comptant et qu'elle tâcherait de gagner l'Angleterre, où étaient déjà son mari et son fils aîné. Elle se jeta à mes pieds en me priant de voir le duc d'Orléans et de l'engager à l'aider, parce qu'elle le croyait tout-puissant. Je lui racontai ce qu'il m'avait dit pour mon passeport ; elle tomba alors dans le désespoir, se roula sur mon tapis, et j'eus vraiment peur qu'elle ne perdît la tête.

Elle resta avec moi quelque temps, et, la nuit venue, je la conduisis accompagnée de ma femme de chambre chez sa tante, madame de Sénozan, à la Porte Saint-Honoré, qui n'était pas loin de chez moi. Là, j'eus le bonheur de passer deux heures avec M. de Malesherbes, l'ami de l'infortuné Louis XVI, et d'entendre de sa propre bouche les détails de sa dernière entrevue avec lui. M. de Malesherbes me donna même sa bénédiction et me pressa contre son cœur, en priant Dieu de me protéger ! Le malheureux ! je ne le revis plus jamais ! Il était trop bon pour être épargné par Robespierre, quoiqu'il soit resté longtemps en prison.

Je fis alors prier le duc d'Orléans de venir chez moi le lendemain au sujet de mon passeport. Il me répondit que je ne devais plus y penser, qu'il avait fait tout ce qu'il avait pu, mais qu'il avait été chargé par un homme au pouvoir de me dire de ne pas le demander et de ne plus parler de l'Angleterre en ce moment, mais de supporter mon malheur comme les autres, et de me tenir tranquille. Le duc me chargea de donner les mêmes avis à madame de Périgord, mais elle ne voulut pas les suivre, ce qui causa sa perte. La comtesse de Jarnac vint chez moi dans l'après-midi, et me dit qu'elle quittait madame de Périgord, qui était chez elle, dans mon voisinage, tout à fait folle et décidée à s'enfuir de Paris à tout événement ; qu'elle voulait venir me voir, mais que madame de Jarnac[7] l'en avait empêchée, pour qu'elle ne s'exposât pas à être vue de mes gens. Nous retournâmes chez elle ensemble, et là nous trouvâmes madame de Périgord, déterminée à ne pas coucher à Paris cette nuit, dût-elle la passer dans les champs.

J'oubliais de dire qu'une visite domiciliaire devait avoir lieu cette nuit même, et qu'elle lui causait une grande frayeur. Elle me pria de l'emmener, elle et ses enfants, un garçon et une fille, qui est maintenant madame Just de Noailles[8], à ma maison de Meudon, seulement pour cette nuit. J'avais là une vieille femme, qui gardait la maison pendant mon absence, et sur laquelle on pouvait compter. Je demandai donc ma voiture, et madame de Périgord, ses enfants et moi, nous partîmes pour Meudon, où je les laissai aussi bien établis que possible dans un pareil moment. Comme les gens de ma section savaient que j'étais à Paris, ils auraient pu avoir des soupçons si j'étais partie pour ne pas coucher chez moi, d'autant plus qu'ils devaient faire une visite domiciliaire. Cette visite ne m'effraya nullement, j'y étais habituée, et je n'avais personne de caché dans mon lit ; aussi je fus peu polie pour ces importuns. J'avais promis à madame de Périgord d'aller la voir le lendemain, et madame de Jarnac me disait que si madame de Périgord voulait revenir à Paris, une personne qu'elle connaissait allait partir pour Calais, et qu'elle pourrait se charger d'elle avec un faux passeport. Tout en désapprouvant ce projet, je ramenai à Paris madame de Périgord et ses enfants, et je les gardai tous chez moi pendant plus de dix jours.

C'était, je crois, en mars, vers le moment où Dumouriez s'enfuit de France, accompagné du duc de Chartres, fils du duc d'Orléans. Le jeune prince, en émigrant, écrivit une lettre très dure à son père, qui ne lui pardonna jamais. Son fils lui reprochait très vivement la mort du roi : je me rappelle parfaitement cette lettre, car je l'ai eue deux jours en ma possession. Le duc la brûla dans ma chambre la dernière fois qu'il vint chez moi. Il était accompagné par deux gendarmes assis dans sa voiture : je fus très impressionnée et fort surprise de le voir en pareille situation, mais il me dit en riant que c'était seulement parce que son fils, le duc de Chartres, s'était enfui avec Dumouriez, et qu'il lui avait cette obligation. Les gardes attendirent dans mon antichambre.

Le duc me demanda à déjeuner pour le dimanche suivant, espérant, disait-il, pouvoir venir avec moins de suite. Je lui dis que je ne demandais pas mieux. Il me fit observer que comme rien n'était sûr et que son sort était plus incertain que celui de tout autre, il était préoccupé de l'argent qui m'appartenait et que j'avais placé sur ses biens. Il pensait, qu'en cas de mort, il pourrait prendre pour moi des mesures, qui assureraient le payement de mes rentes en Angleterre ; qu'il arrangerait toute cette affaire et me donnerait des effets, qui seraient de l'argent pour moi, quand je pourrais gagner l'Angleterre. Il m'assura que je serais loin d'y perdre et que si on payait ses créanciers après sa mort, ce serait pour le mieux, puisque je n'en serais que plus riche. J'avoue que je fus fort peinée de l'entendre parler ainsi, car j'attendais son malheur de jour en jour.

Il partit alors : madame de Périgord était chez moi tout ce temps, mais elle couchait à un étage supérieur, dans la pièce de ma femme de chambre. Elle et moi nous étions assises devant le feu, parlant de ce qui venait de se passer, quand ma femme de chambre entra précipitamment en s'écriant : « Madame, une visite des gardes ! » Madame de Périgord n'eut que le temps de se jeter dans un cabinet dont nous avions enlevé les tablettes à cet effet, lorsque quarante hommes entrèrent dans ma chambre. Ils déclarèrent qu'ils étaient venus pour inspecter tous mes papiers et qu'il me fallait leur donner mes clefs. Il était minuit ; je craignais que mon amie ne toussât, mais je savais que ces hommes ne trouveraient pas la cachette, placée entre deux portes et recouverte par le papier, qui ne laissait pas voir le trou de la serrure ; d'ailleurs la personne qui y était pouvait fermer la porte en dedans.

Je les aidai à chercher mes papiers : ils firent un paquet de tout ce qui était anglais. Enfin ils trouvèrent une lettre cachetée, adressée à M. Charles Fox[9]. Elle était de sir Godfrey Webster, qui était alors à Naples : il me l'avait envoyée par un courrier français expédié à Paris par l'amiral Latouche-Tréville[10] qui avait été devant Naples pour faire une démonstration au nom de la nation française. Je connaissais très peu sir Godfrey Webster, mais il avait pensé que je pourrais faire parvenir cette lettre en Angleterre. Ceux qui visitaient ma maison étaient des ignorants qui avaient entendu parler de MM. Pitt et Fox, mais qui ne connaissaient pas leurs idées politiques.

Ils pensèrent que je serais envoyée le lendemain à la guillotine, et ils étaient enchantés de leur découverte. Je leur étais suspecte depuis longtemps, me dirent-ils ; mais ils avaient découvert que j'étais en correspondance avec les ennemis de la République ; et cette découverte me coûterait cher. Je leur répondis que M. Fox était leur ami et qu'il était en correspondance avec le Comité de surveillance, qui était alors leur grand tribunal. Ils déclarèrent qu'ils avaient l'ordre de m'arrêter cette nuit même, puis ils mirent leurs écharpes sur l'épaule et m'arrêtèrent, au nom de la République française. Ils prirent tous les papiers qu'ils voulurent, me permirent à peine de jeter un châle sur mes épaules, quoiqu'il fît très froid, et mirent les scellés sur mes meubles. On peut facilement imaginer ce que dut souffrir pendant cette nuit la pauvre madame de Périgord. Elle crut qu'ils avaient mis les scellés sur les portes de ma chambre, et quoique ma femme de chambre dût rester chez moi ; rompre un scellé, c'était la mort. Il arriva pourtant qu'ils fussent si charmés de m'arracher de chez moi et de me mener, comme ils le pensaient, à l'échafaud, qu'ils quittèrent la maison sans mettre les scellés. Le lendemain, j'appris avec plaisir que madame de Périgord s'était réfugiée la nuit même chez madame de Jarnac.

NOTES

1. Charlotte Laurent, ex-comédienne du Théâtre Français et maîtresse du duc de Biron.

2. Jean-Antoine Rossignol (1759-1802). Cet ouvrier-orfèvre se distingua dans les émeutes parisiennes du 14 juillet 1789, 20 juin et 10 août 1792. Il fit partie de l'état-major de l'armée de l'Ouest.

3. André-Pierre Léopold, chevalier de Rutant (1769-1793), aide de camp du général Dumouriez.

4. Louis-Jean de Bourbon, duc de Penthièvre (1725-1793). Sa fille, Louise-Adélaïde de Bourbon-Penthièvre (1753-1821), avait épousé le duc d'Orléans le 5 avril 1769.

5. Madeleine de Sénozan de Viriville, mariée en décembre 1778 à Archambaud-Joseph, comte puis duc de Talleyrand-Périgord. Elle sera guillotinée le 26 juillet 1794.

6. Madame de Sénozan, femme de Jean-François Ferdinand Ollivier de Sénozan. Son oncle est Guillaume de Lamoignon de Malesherbes (1721-1794).

7. Elisabeth Smith, d'origine irlandaise, avait épousé en 1777 Charles de Rohan-Chabot, comte de Jarnac.

8. Il s'agit de Mélanie-Honorine, née le 19/9/1785, et mariée en 1803 à Antoine Just de Noailles.

9. Charles James Fox (1749-1806), chef du parti Whig ; sa sympathie pour la Révolution française l'opposa à Pitt. Il fut ministre des Affaires étrangères.

10. Louis-René le Vassor, comte de La Touche-Tréville (1745-1804), chancelier du duc d'Orléans en 1788-1790. Il fut élevé au grade de contre-amiral en 1792. La Convention lui confia le commandement d'une escadre à Naples, pour exiger réparation d'une injure faite à l'ambassadeur français à Constantinople par l'ambassadeur du roi de Sicile.

Chapitre VI

On me mène au corps de garde où je passe la nuit. – Je vais à la mairie au milieu des soldats pour être interrogée. – Les duchesses de Grammont et du Châtelet passent devant le maire. – Leur fin déplorable. – Scènes effrayantes aux Feuillants. – J'y rencontre le duc d'Orléans. – Mon interrogatoire et mes alarmes. – Brutalité du capucin Chabot. – Politesse de Vergniaud. – Lettre de sir Godfrey Webster. – On me permet de partir. – Je suis arrêtée par Chabot. – Arrestation du duc d'Orléans et du comte de Beaujolais. – Scène douloureuse entre le duc de Biron et le duc de Montpensier. – Le duc de Biron est envoyé à Sainte-Pélagie. – Madame de Périgord me laisse ses enfants. – On m'envoie à Sainte-Pélagie. – J'y rencontre madame du Barry. – Sa violence au moment de son exécution. – Fatale lettre de M. Vernon. – Je suis mise en liberté.

Il était deux heures quand nous entrâmes au corps de garde : les soldats étaient couchés et dormaient tout au travers de la chambre : quelques-uns étaient ivres, d'autres buvaient, fumaient et juraient. Il y avait quelques malheureux prisonniers comme moi, je n'en connaissais aucun ; mais il n'y avait pas de femmes. On me fit asseoir sur un banc, près du feu, et on m'offrit du vin, les soldats prétendant que je ne devais pas faire la fière ; que maintenant il n'y avait plus ni duc ni prince, qu'ils étaient tous bons citoyens, et que, si je n'avais pas conspiré, j'aurais été une heureuse citoyenne, mais qu'ils voyaient bien que j'irais danser la Carmagnole sur la place Louis XV. Je leur dis que je n'avais pas peur de cela ; que s'ils n'avaient pas d'autre sujet d'accusation contre moi que la lettre à M. Fox, j'étais certaine d'être acquittée ; que je désirais les voir rompre le cachet et lire la lettre, ils verraient que c'était une lettre adressée non à un ennemi de la liberté, mais à un bon patriote ; qu'ils n'avaient qu'à ouvrir la lettre, ce que je ne voulais et ne pouvais pas faire, puisque j'étais seulement chargée de la faire parvenir en Angleterre.

Je passai toute la nuit dans ce triste lieu, n'ayant que les murs nus pour m'y appuyer le dos : pendant tout ce temps ils ne s'occupèrent plus de moi. À six heures du matin, environ, ma femme de chambre et un de mes domestiques m'apportèrent un bol de thé et un peu de pain ; la section se trouvait dans une rue voisine de ma maison. J'étais morte de fatigue et l'odeur du vin et du tabac, que j'avais respirée toute la nuit, m'avait donné un violent mal de tête. Les membres du comité révolutionnaire de ma section, qui étaient venus m'arrêter avec les soldats, étaient des marchands et le président un barbier, qui avait été un acteur zélé dans les massacres de septembre et, par conséquent, n'était qu'un misérable. Après m'avoir amenée, ils étaient allés se coucher chez eux et m'avaient laissée avec les soldats. Ils revinrent tous à huit heures du matin pour me conduire à la mairie où les prisonniers d'État étaient interrogés. C'était tout près du Palais de Justice, à l'extrémité de ce qu'on appelle la Cité, du côté de l'eau opposé à celui que j'habitais[1].

Ils eurent la cruauté de me faire marcher au milieu des soldats et les rues étaient affreusement sales. En arrivant là, nous trouvâmes la salle pleine de prisonniers, attendant leur tour, pour être interrogés. Je suis sûre qu'il y en avait au moins deux cents, beaucoup de femmes, dont plusieurs de haut rang. Pendant tout le temps que j'y passai, c'est-à-dire trente heures, je me trouvai tout près de la pauvre duchesse de Grammont et de la duchesse du Châtelet[2]. Il y avait à peine dix chaises dans la salle, et les femmes tombaient de fatigue. La duchesse de Grammont était très grasse et ses jambes horriblement enflées. Un jeune aide de camp du commandant de Paris, dont la sœur raccommodait mes dentelles, m'aperçut et se fit jour au travers de la foule pour m'apporter une chaise. Madame de Grammont et madame du Châtelet étant plus âgées que moi, je me fis un plaisir de la leur offrir. Elles firent beaucoup de cérémonies pour la prendre et madame de Grammont me dit : « Dites-moi, je vous prie, madame, qui vous êtes, afin que si jamais nous sortons d'ici, nous puissions nous revoir, car je vois que vous êtes aussi persécutée pour la bonne cause. » Je lui dis mon nom, et elle fut assez bonne pour m'assurer qu'elle était enchantée de connaître une personne qui avait été si dévouée à la bonne cause et qui lui avait rendu de tels services. Elle savait tout ce que j'avais fait pour Champcenetz et pour sa cousine, madame de Périgord. L'abbé de Damas[3], me dit-elle, lui avait souvent parlé de tout ce que j'avais fait, et elle savait depuis longtemps les bons avis que j'avais donnés à un malheureux prince. Elle espérait que, grâce à Dieu, ces misérables m'épargneraient, certaine, comme elle l'était, que je pourrais encore être utile à d'autres malheureux. Enfin, depuis vendredi neuf heures du matin jusqu'au samedi midi je restai debout sur mes jambes, excepté peut-être pendant cinq minutes de temps en temps, quand ces dames me prenaient sur leurs genoux ; mais j'avais tellement peur de les fatiguer que ce n'était pas un repos pour moi.

Il y avait un buffet à l'extrémité de la salle, où en payant on pouvait avoir à boire et à manger ; mais parmi ceux qui étaient là, il y en avait peu qui pensassent à se nourrir. Leur position était trop dangereuse et ils avaient trop peu d'espérance de retourner chez eux. En parlant à voix basse, nous pouvions tout dire ; la foule était si grande qu'il n'y avait même pas de place pour les gardes, aussi on les avait placés aux différentes portes.

Je vis beaucoup de gens que je connaissais et beaucoup de gentilshommes et de dames de qualité, mais je n'étais pas si près d'eux que des deux vieilles duchesses. Elles périrent toutes deux sur l'échafaud.

Elles étaient en prison à Port-Royal pendant que j'étais aux Carmes. Madame de Grammont fut interrogée à peu près à quatre heures du matin ; elle fut traitée très durement, mais on la laissa revenir chez elle pour quelque temps. Ils firent la même chose pour madame du Châtelet. Le samedi, à midi, ils me menèrent devant le maire ; je crois qu'il se nommait Chambon[4] ; c'est lui qui avait accompagné le roi dans la voiture quand il fut exécuté.

Lorsque les gens de ma section lui dirent le motif de mon arrestation, et qu'ils lui montrèrent la lettre, il déclara qu'il ne pouvait rien décider ; que mon affaire devait paraître devant le Comité de surveillance, qui siégeait aux Feuillants, près de la Convention, et que le cas était fort grave.

Je revins donc de la même manière aux Feuillants, où, en attendant mon tour, j'assistai à des scènes affreuses. De pauvres hommes et de malheureuses femmes sortaient du comité en pleurant, parce qu'on avait trouvé des papiers sur eux ; tous étaient emmenés en prison pour être jugés plus tard par l'abominable tribunal révolutionnaire.

Je me sentis alarmée sur ma propre situation ; je n'avais pas la moindre idée de ce que contenait la lettre de sir Godfrey Webster à M. Fox, ni de ses opinions politiques. Je n'attendis pourtant pas longtemps, car les membres du tribunal étaient réunis en comité secret pour examiner un prisonnier. Quand la porte s'ouvrit, quel fut mon étonnement en voyant sortir le duc d'Orléans ! Il me parut consterné : « Mon Dieu, me dit-il, est-ce vous ? J'en suis désolé. »

Il sortit alors, et un de mes gardes me dit qu'il était monté en voiture, mais qu'il n'allait pas en prison.

Lorsque j'entrai dans cette lugubre salle, les membres du comité[5], qui étaient Vergniaud, Guadet, Osselin et le capucin Chabot, étaient assis devant une table verte, et une chaise était placée en face d'eux. Il y avait au moins quarante personnes présentes, j'ai seulement nommé ceux dont je me souviens ; la chaise était placée sur une estrade et je tremblai en en montant les marches. Ils commencèrent par demander aux gens de ma section quel était mon crime, et pourquoi j'avais été arrêtée. Ils racontèrent leur histoire et produisirent la lettre. Chabot me demanda ce qu'elle contenait : je lui affirmai que je l'ignorai complètement. « Il s'agit d'une conspiration, dit alors Chabot ; je connais cette femme, c'est une royaliste. Elle a intrigué en Angleterre pour marier la fille de d'Orléans avec un prince anglais. Qu'on l'envoie à la Force ! »

Vergniaud, qui était poli, dit alors : « Je ne vois pas pourquoi on a arrêté cette femme, parce qu'on a trouvé chez elle une lettre adressée à M. Fox. Si elle eût été destinée à ce scélérat de Pitt, vous n'auriez pu en faire davantage. M. Fox est notre ami, il est l'ami d'une nation libre : il aime notre révolution, et nous en avons ici la preuve écrite de sa propre main : pouvons-nous donc sans déshonneur ouvrir et lire une lettre particulière adressée à ce grand homme ? Non, ce ne sera pas, nous garderons la lettre et nous l'enverrons intacte à M. Fox. »

Ils commencèrent à s'échauffer sur ce sujet et Chabot insista pour que la lettre fût ouverte et lue. Osselin la décacheta donc, et ils virent qu'elle était écrite en anglais.

Ils étaient fort embarrassés, n'ayant pas leur interprète, qui était allé examiner des papiers anglais dans le faubourg Saint-Germain. Osselin, qui présidait, me fit quitter ma chaise et venir près de lui pour lire et leur traduire la lettre, en me disant que plusieurs d'entre eux comprenaient assez l'anglais pour savoir si je leur dirais la vérité.

D'abord sir Godfrey Webster avait renfermé dans sa lettre un imprimé français : c'était le manifeste de Latouche-Tréville au roi de Naples. Je me mis ensuite à lire la lettre qui était pleine d'éloges et d'admiration pour le courage et l'énergie de la nation française et pour le manifeste. En somme, cette lettre leur plut infiniment. L'interprète, qui survint, l'ayant lue comme moi, ils furent tous enchantés de moi, excepté Chabot. Osselin voulait me reconduire chez moi dans une des voitures appartenant au comité, car ils avaient tous des voitures. Je déclinai cet honneur, mais je me plaignis des deux cruelles nuits que j'avais passées, et ils se montrèrent très mécontents des gens de ma section. Je vis pourtant Chabot en conversation avec le barbier, et quand je fus sur le point de quitter la salle et qu'Osselin me donnait le bras, Chabot me dit d'une voix douce :

« Citoyenne, j'ai encore quelques questions à vous faire : connaissez-vous d'Orléans ou Égalité ?

– Oui, lui dis-je.

– N'avez-vous pas eu une conversation avec lui dans l'antichambre avant d'entrer ici ?

– Je lui ai seulement demandé comment il se portait, répondis-je.

– Et, je vous prie, que vous a-t-il dit ?

– Ses paroles sont : "Mon Dieu, que je suis fâché de vous voir ici."

– Il est clair alors, dit Chabot, qu'il pensait avec effroi que vous seriez interrogée sur son compte et qu'il avait peur que vous ne le trahissiez. »

Je commençai à m'alarmer fortement et je fondis en larmes. « Les larmes ne nous importent guère, me dit-il ; si on réunissait toutes celles qui ont été répandues dans cette salle, il y aurait de quoi fournir de l'eau à toutes les maisons de Paris. » Il continua :

« Ne savez-vous pas que d'Orléans a voulu se faire roi et renverser la République ?

– Je suis sûre que non ! répondis-je.

– Vous savez pourtant que c'est la vérité ; c'est pour cela qu'il a voté la mort du roi.

– Je voudrais du fond du cœur qu'il ne l'eût pas fait, m'écriai-je, il pourrait être heureux maintenant.

– Pourquoi l'a-t-il donc fait ?

– Parce que vous l'avez tous forcé à commettre cet effroyable crime.

– Vous croyez donc que c'est un crime ? Vous êtes bien impudente de parler ainsi en pareil lieu ; nous sommes cinquante membres de la Convention dans cette salle et nous avons tous voté la mort du tyran Capet, non pas pour devenir rois nous-mêmes, mais pour débarrasser le monde de cette infâme race. Nous verrons maintenant ce que nous pouvons faire pour ce soi-disant roi, qui se tournait toujours vers cet abîme de la liberté, vers l'Angleterre, avec laquelle il est en correspondance, et vous aussi. Je ne vous laisserai pas échapper. Qu'on la mène à la Force ! Il faut qu'elle passe au tribunal, c'est décidé. »

Une vingtaine de membres se levèrent alors et s'écrièrent que c'était une injustice, qu'il fallait prendre de nouvelles informations sur mon compte, qu'il fallait me laisser retourner chez moi, que si j'étais une amie de M. Fox, je ne pouvais pas conspirer. En somme, c'était un affreux vacarme à mon sujet, lorsque Robespierre entra dans la salle. Il paraissait très préoccupé de quelque événement important, et je fus renvoyée jusqu'à nouvel ordre.

Je revins chez moi et me mis au lit, quoiqu'il ne fût pas plus de quatre heures. À huit heures, le duc d'Orléans m'envoya dire qu'il viendrait me voir le lendemain dimanche, à midi. On me remit cette lettre à mon réveil. Je lui répondis en le priant de ne pas venir, parce que je devais aller à Meudon le matin de bonne heure, mais que je rentrerais le soir et que je serais bien aise de le voir. Je dis à mon domestique de porter cette réponse au Palais-Royal, à huit heures du matin. Mon domestique revint immédiatement après, me rapportant ma lettre. Il m'apprit que le duc avait été arrêté dans son lit à quatre heures, et qu'on l'avait emmené à la prison de l'Abbaye, sans domestiques, en ne lui laissant que son fils, le comte de Beaujolais, enfant de onze ans, et que ses gens étaient allés au comité de surveillance pour tâcher d'obtenir de le servir dans sa prison. Ils lui accordèrent son valet de chambre Mongot pour ce jour-là et un valet de pied pour son fils.

Cet événement m'impressionna vivement, car la fin n'en était que trop claire. Mongot revint chez moi le lundi, vers deux heures, et me dit qu'on l'avait gardé dans un cachot toute la nuit, et qu'à trois heures il avait entendu une chaise de poste sortir de la cour de la prison et qu'il présumait que c'était le duc qu'on emmenait, parce qu'on l'avait exilé. Vers dix heures du matin on l'avait mis en liberté, lui Mongot, en lui disant que son maître était allé là où il ne le verrait plus. Ils avaient été chercher sa voiture de voyage au Palais-Royal, la veille, à minuit. On lui avait donné huit chevaux de poste et soixante gendarmes pour l'escorter jusqu'à Marseille, où on le mena avec le jeune comte de Beaujolais. On le renferma au fort Saint-Jean, tout à l'extrémité du port, et j'appris qu'il y fut fort maltraité. Je ne l'ai jamais vu depuis. Lorsqu'il fut ramené à Paris pour être jugé et exécuté, j'étais moi-même en prison.

M. le duc de Montpensier[6] était alors à Nice, aide de camp du duc de Biron, qui commandait cette armée. Il arriva au malheureux Biron l'ordre d'arrêter le jeune prince et de l'envoyer sous bonne escorte au fort de Marseille. Ce fut une tâche cruelle pour lui d'agir ainsi contre le fils de son ancien ami, un jeune homme qu'il aimait comme son enfant. Ils allaient juste se mettre à table quand l'ordre arriva. Le duc de Biron fut si affecté en le recevant qu'il pâlit, pleura et ne put manger. Il regardait tristement le jeune prince, qui s'élança vers lui en disant : « Général, est-ce que mon malheureux père est mort ? Vous me regardez d'un air si sombre et vous paraissez si chagrin ! Je suis sûre que c'est la vérité. Dites-moi, pour Dieu, tout mon malheur ! » Le duc prit le jeune prince dans ses bras et lui montra la funeste missive. « N'est-ce que cela ? s'écria le jeune prince avec joie ; bon Dieu ! que je me sens le cœur soulagé ! Je croyais que mon père n'existait plus. Laissez-moi partir de suite ; j'essaierai de le distraire dans sa captivité. » Cette anecdote m'a été racontée après par le duc de Biron, à Sainte-Pélagie, où nous étions tous les deux prisonniers.

Dix jours environ après le départ du duc d'Orléans pour Marseille, le duc de Biron fut envoyé de Nice à Sainte-Pélagie avec une escorte. Il n'a quitté cette prison que pour passer au tribunal révolutionnaire et de là à l'échafaud. Il fut exécuté dix jours après le duc d'Orléans.

Le lundi matin, jour du départ de ce prince pour Marseille, madame de Périgord vint chez moi avec son fils[7] et sa fille Mélanie, aujourd'hui madame de Noailles, âgée alors de neuf ans ; son fils en avait cinq. Madame de Périgord me dit qu'elle partait cette nuit-là pour Calais avec un ami de madame de Jarnac, et que sa tante et son oncle, M. de Malesherbes, avaient été arrêtés le matin. Elle déclara qu'elle ne voulait pas rester à Paris, mais qu'elle désirait laisser en France ses deux enfants, et qu'elle me les avait amenés, parce que j'étais la seule personne au monde à qui elle désirât les confier. Elle me pria de les adopter comme mes propres enfants et me les mit dans les bras ; ce fut une scène très attendrissante. Elle nous dit bientôt, à eux et à moi, un dernier adieu et retourna chez madame de Jarnac, d'où elle partit pour Calais.

Six semaines après que ces chers enfants me furent confiés, j'écoutais lire Mélanie, quand les membres du comité révolutionnaire de ma section entrèrent dans ma chambre et me dirent que cette fois il fallait que je me rendisse promptement en prison, et, après avoir visité mes papiers, ils mirent les scellés sur toute ma maison. Sans qu'ils pussent m'entendre, j'ordonnai à ma femme de chambre de mener les enfants, dès que je serais partie, chez madame de Jarnac, qui avait été chargée, dans le cas où je serais arrêtée, de les envoyer chez une femme qui avait été leur bonne.

Après avoir visité mes papiers et s'être fait servir un dîner auquel je ne pris pas part, bien entendu, ils me permirent de prendre du linge et tout ce dont j'aurais besoin, me firent monter dans un fiacre et me menèrent à Sainte-Pélagie, le trou le plus triste, le plus sale et le plus inconfortable du monde. C'était, avant la Révolution, une maison de correction. Nous étions au mois de mai et il était six heures du soir quand j'y entrai.

La journée avait été magnifique, mais dans ce triste séjour on ne voyait pas trace de printemps. Les autres prisonniers étaient, comme moi, tout en larmes, effrayés de ce qui devait leur arriver, et pleins de pitié et de prévenance pour moi, leur nouvelle compagne. Nous devînmes à l'instant des amis intimes : il y en avait là beaucoup que je croyais être hors de France ; mais quand on apporta notre misérable souper, du jambon, des œufs et de l'eau malpropre, qui parut devant moi, et me prit dans ses bras en fondant en larmes ? Ce fut cet infortuné duc de Biron. J'ai rarement dans ma vie été impressionnée aussi péniblement.

Je trouvai là aussi madame Laurent, une amie du duc d'Orléans. Les prisonniers étaient naturellement très avides de nouvelles, n'ayant aucune communication avec les gens du dehors. Je ne pus que les affliger en leur racontant les horreurs qui se commettaient. Le lendemain il arriva beaucoup d'autres prisonniers, et le nombre en augmenta journellement. On en enlevait chaque jour beaucoup pour l'échafaud ; j'étais très effrayée pour ce pauvre Biron. Nous pouvions difficilement causer ensemble : les hommes et les femmes étaient dans deux parties différentes de la prison, et nos conversations se faisaient principalement de nos fenêtres, qui se trouvaient en face l'une de l'autre. Je ne restai pas longtemps à Sainte-Pélagie ; c'était, je crois, en juin que j'en sortis, mais je n'en suis pas certaine, parce que les noms des mois étaient changés en France, et je ne sais vraiment pas dans lequel nous étions. La pauvre madame du Barry[8] y arriva avant mon départ ; elle était désolée. Elle venait s'asseoir sur mon lit pendant des heures entières, en me racontant des anecdotes de Louis XV et de sa cour. Elle me parla beaucoup de l'Angleterre et du prince de Galles, dont elle avait été enchantée : tout son regret était d'avoir quitté l'Angleterre ; et elle avait grand-peur de ce qui pouvait lui arriver. Elle montra, en effet, très peu de courage sur l'échafaud ; et je crois que si tout le monde avait fait autant de résistance qu'elle, Robespierre n'aurait pas osé ordonner tant d'exécutions ; car les cris désespérés de madame du Barry, me dit-on, émurent et alarmèrent la populace. Elle était très bonne, et je m'étais fort attachée à elle pendant le temps que nous avions passé ensemble en prison.

On m'avait envoyée à Sainte-Pélagie pendant que le comité de salut public visitait les papiers du duc d'Orléans ; ils croyaient qu'on y découvrirait que j'avais été son agent en Angleterre. Ils ne trouvèrent pourtant rien qui pût leur faire supposer que j'eusse aucune correspondance avec le prince, et j'eus assez de bonheur pour être appelée par le comité de salut public afin d'entendre lire en anglais une lettre qu'on avait trouvée dans les papiers du duc. Ils voulaient savoir si je connaissais l'auteur de cette lettre, et ce qu'il voulait dire. Je fus fort effrayée quand la garde vint me prendre pour m'emmener de Sainte-Pélagie aux Tuileries où se tenait le comité. Il se trouva que cette fameuse lettre était du vieux M. Vernon, qui parlait de chevaux, de paris de courses, de Newmarket, etc., toutes choses qu'ils croyaient avoir un double sens. Cette malheureuse lettre fut produite plus tard au procès du duc, et fut un des prétextes de sa condamnation.

Mon interrogatoire dura toute la nuit, mais ils n'en eurent pas grande satisfaction. Le matin ils me renvoyèrent chez moi et firent lever les scellés de la maison.

Je n'ai jamais pu savoir pourquoi ils m'avaient si bien traitée alors. Pendant que j'étais au comité, il leur arriva une lettre du duc d'Orléans qui demandait qu'on lui envoyât 60 000 francs, et je leur entendis dire que 30 000 étaient bien assez pour sa dépense. Les membres qui m'interrogeaient étaient Barrère[9], Billaud-Varennes, Merlin de Douai et Robespierre, qui me fit lui-même plusieurs questions ; mais il n'était pas assis à la table et se promenait de long en large dans la salle. Tout cela se passait dans le charmant cabinet du roi, au pavillon de Flore, au milieu des meubles de ce malheureux prince. C'est dans cette même pièce que tous les meurtres furent signés, même celui de l'infortunée reine.

Je quittai Sainte-Pélagie sans penser que je ne devais pas y revenir, et je n'y pris pas congé de mes malheureux amis. Ma maison était affreusement triste : je n'y fus pas un moment tranquille, chaque bruit me faisait croire qu'on venait m'arrêter ; j'aurais presque préféré qu'on m'eût laissée à Sainte-Pélagie.

Je n'avais plus d'amis. La seule personne que je visse était madame de Jarnac : la pauvre femme n'était pas dans une meilleure position que moi. Je voyais aussi madame Meyler : elle était venue s'établir dans mon voisinage.

NOTES

1. Cet endroit était le Bureau central de la police où étaient conduites les personnes arrêtées pour un premier interrogatoire.

2. Béatrix de Choiseul-Stanville, duchesse de Gramont (1730-1794), et la duchesse du Chatelet, née Rochechouart, épouse de Louis Chatelet-Lomont (1727-1793), furent arrêtées en même temps en septembre 1793 ; elles seront guillotinées le 17 avril 1794.

3. Abbé François de Damas (1739-1829).

4. Nicolas Chambon de Montaux (1748-1826). Il fut élu maire de Paris le 3/12/1792 en remplacement de Petion, poste dont il démissionna le 2/2/1793. C'est sa voiture qui conduisit Louis XVI à l'échafaud.

5. Sur ces membres du comité de Surveillance : Pierre-Victurnien Vergniaud (1753-1793), député Girondin ; Elie Guadet (1758-1794), député Girondin ; Charles-Nicolas Osselin (1754-1794), député de Paris, François Chabot (1756-1794), député à la Législative puis à la Convention.

6. Louis-Antoine d'Orléans, duc de Montpensier (1775-1807). Deuxième fils du duc d'Orléans, il suivit, à l'armée du Nord, son frère aîné Louis-Philippe, duc de Chartres ; en 1793, il passa à l'armée d'Italie avec le duc de Biron. Le 8 avril de la même année, il est arrêté sur ordre du Comité de Salut public et enfermé à Marseille où il retrouve son père et ses deux frères ; il restera là 43 mois. En novembre 1796, il s'embarquera pour l'Amérique avec ses frères. Il mourra en Angleterre.

7. Alexandre-Edmond, comte de Talleyrand, puis duc de Sagan (1787-1872).

8. Marie-Jeanne Gobard de Vaubernier, comtesse Du Barry (1746-1793). De cette maîtresse de Louis XV, on rappelle souvent ses derniers mots sur l'échafaud : « Monsieur le bourreau, ayez pitié de moi ! Encore un moment, plus rien qu'un moment ! »

9. Bernard Barère de Vieuzac (1755-1841), député Montagnard à la Convention, c'est lui qui fit décréter, le 5 septembre 1793, que « La Terreur était à l'ordre du jour ».

Chapitre VII

Je m'enfuis en apprenant que je vais être arrêtée. – Incident de cette fuite. – Je gagne Meudon. – Je suis poursuivie et envoyée à la prison des Récollets à Versailles. – Brutalité de la section. – Un juif condamné. – Le docteur Gem est emprisonné dans la même chambre que moi. – Notre pitoyable nourriture. – Je fais relâcher le docteur Gem. – Pénibles privations. – Je prie pour mourir. – Brutalité du geôlier – Le jeune Samson l'exécuteur. – Mort de la Reine.

Vers le 6 septembre, j'allai un soir voir madame Meyler qui était malade. Deux ou trois dames françaises se trouvaient avec elle, et nous soupâmes ensemble. J'étais plus gaie que je ne l'avais été depuis quelque temps, et à onze heures et demie je retournai chez moi avec mon domestique : c'était fort tard pour cette époque à Paris. Quand j'entrai dans ma chambre pour me déshabiller, ma femme de chambre me parut fort triste et me dit :

« Mon Dieu, madame, comme vous me paraissez gaie cette nuit ! Depuis des mois je ne vous avais pas vue aussi bien disposée.

– C'est vrai, lui dis-je, je me sens réellement beaucoup mieux que je ne l'ai été depuis longtemps.

– Je souhaite vivement, me dit-elle, que rien ne vienne détruire cette gaîté. Dieu nous en garde ! ajouta-t-elle.

– N'ayez donc pas l'air si triste, lui dis-je, je déteste de vous voir ainsi. »

Elle me demanda alors si j'avais entendu parler du procès de la reine. Je fus très fâchée qu'elle me parlât de ce qui était un véritable chagrin pour moi : on instruisait en effet le procès de cette princesse infortunée. Je me mis au lit, et ma femme de chambre me souhaita le bonsoir à deux ou trois reprises différentes et me baisa les mains, sur lesquelles je sentis tomber des larmes. Je m'endormis promptement, et à six heures du matin ma femme de chambre entra chez moi et me dit : « Madame, levez-vous tout de suite : il n'y a pas de temps à perdre ; vous devez être arrêtée à neuf heures, et votre condamnation à mort est signée. J'ai appris cela hier soir de votre épicier, qui est membre de la section, mais il vous veut du bien et vous avertit de vous sauver. Je voulais vous le dire hier au soir ; mais je n'en ai pas eu le courage, tant vous aviez l'air joyeux ; je ne vous avais pas vue ainsi depuis bien longtemps. »

Je m'habillai à moitié, en prenant mes diamants et tout ce qui pouvait tenir dans mes poches, et je ne pris pas le temps d'attacher mes jupons, car nous ne savions pas au juste le moment où viendraient ces misérables. Je m'élançai dans les champs, derrière Monceaux, sans savoir où j'allais. Toute la matinée j'errai sur les nouveaux boulevards jusqu'à la Porte Saint-Denis : je me rappelai alors que Milor[1], le maître de ballet de l'Opéra, et sa femme la Bigottini demeuraient au haut du faubourg Saint-Denis ; je les connaissais à peine, mais comme je les savais de bonnes gens et très royalistes, je me rendis chez eux. Ils me reçurent fort bien, me témoignèrent beaucoup de compassion, mais ils ne purent me garder, parce qu'ils attendaient une perquisition pour la nuit suivante, et qu'on me rechercherait certainement. Ils me conseillèrent de gagner ma maison de Meudon, lorsqu'il ferait nuit. M. Milor eut l'obligeance de m'y accompagner à pied, à dix heures du soir, et de revenir dans un cabriolet, qu'il fut assez heureux pour rencontrer à minuit. Je descendis alors au village avec ma fille de basse-cour, et je fis lever le maire. C'était un honnête laboureur qui avait beaucoup d'égards pour moi, comme bien d'autres de sa classe, qui faisaient partie de la municipalité.

J'expliquai au maire ma position : que j'attendais à tout moment que des gens de Paris vinssent m'arrêter ; qu'en conséquence, ne me trouvant pas chez moi, ils arriveraient certainement à Meudon ; je lui dis que je craignais surtout d'être emmenée à Paris, que les gens de ma section s'étaient toujours mal comportés vis-à-vis de moi, et qu'ils m'accusaient d'être royaliste, que je serais perdue si j'étais de nouveau renfermée dans les prisons de Paris ; je le priai enfin de réunir la municipalité, de m'arrêter et de me garder dans la prison du château de Meudon.

Le maire, qui était un très brave homme, me dit qu'il ne pouvait pas me rendre ce service ; que Versailles était le chef-lieu de Seine-et-Oise ; que j'étais par conséquent hors du département de Paris, qui était celui de la Seine, et que ma section ne pourrait m'atteindre. Il m'assura que je pouvais rentrer me coucher, que les gens de Paris ne viendraient pas ; qu'il allait monter à cheval et se transporter à Versailles au comité révolutionnaire, dont les membres viendraient m'arrêter le matin.

La section de Sèvres aurait pu m'arrêter, mais j'avais peur des gens de Sèvres, car ils avaient été pour moi aussi mauvais que ceux de Paris, et ils me désignaient toujours comme royaliste. J'emmenai chez moi la femme du maire, qui coucha dans une chambre voisine de la mienne ; mais nous étions à peine au lit depuis une heure, que nous entendîmes un vacarme affreux accompagné du bruit de la sonnette de ma porte. Mon jardinier se leva et introduisit la section de Paris, qui était allée chercher celle de Sèvres, car Meudon étant dans le département de Seine-et-Oise, ils n'auraient pu m'arrêter seul. Ils me firent lever devant eux et les gendarmes, dont la maison était pleine. En fouillant dans toutes mes affaires, ils me reprochaient ma tentative d'évasion : « Ah ! ma mignonne, vous ne nous échapperez pas, cette fois-ci, disaient-ils ; vous ferez un bel effet sur la place Louis XV ; nous irons tous vous voir exécuter ; ce sera un beau spectacle ! »

Pendant qu'ils mettaient les scellés, tout en volant la moitié de mes hardes, arriva le comité de Versailles, furieux contre ceux de Paris qui avaient osé violer son département. Ils étaient aussi exaspérés contre ceux de Sèvres, pour s'être joints au comité de Paris sans l'autorisation de Versailles. Les deux comités voulaient m'avoir, et je présume qu'ils se seraient battus, sans l'intervention des gendarmes. Enfin, pour savoir à quoi s'en tenir, ils envoyèrent un de ces derniers à cheval à Versailles, à un député de la Convention qui dirigeait le département de Seine-et-Oise. Il répondit par écrit que je devais être remise à l'instant au comité de Versailles. En définitive, ils me gardèrent debout toute la journée, buvant et faisant cuire leur dîner dans mon appartement, jusqu'à neuf heures du soir.

Depuis cinq heures du matin le temps était pluvieux et fort laid. On me mit dans une charrette avec un peu de paille mouillée et le peu d'objets qu'il me fut permis d'emporter, entre deux gendarmes ; quatre autres nous escortaient. C'est dans cet équipage que nous traversâmes les bois pour aller au comité de Versailles, qui m'envoya aux Récollets.

En arrivant à la prison, le geôlier nous dit qu'il n'avait pas de place préparée pour moi et que je devais passer la nuit au corps de garde, où il y avait un lit dans lequel je pourrais me coucher. J'étais mouillée jusqu'aux os, malade d'avoir pleuré toute la journée et si fatiguée que je pouvais à peine soutenir ma tête. La femme du geôlier m'apporta du vin chaud, du bœuf froid et de la salade. Je mangeai et bus un peu, en me séchant devant le feu. Les gardes, qui étaient dans la pièce, se montrèrent prévenants et polis pour moi ; ils me dirent qu'ils ne fumeraient pas dans le corps de garde ; qu'ils sortiraient et resteraient assis dehors sur l'escalier toute la nuit ; que je pourrais ainsi me coucher et dormir tranquillement, parce qu'ils ne permettraient à personne d'entrer chez moi et de m'insulter. Je me couchai donc avec mes habits mouillés et je dormis jusqu'à sept heures. Je crois que, dans tout le cours de ma vie, je n'ai jamais dormi si profondément, quoique Dieu sache si j'étais heureuse ! Mais l'intensité de ma misère m'avait frappée de stupeur.

Le matin on me fit entrer dans la prison, un triste séjour, quoique moins mauvais que Sainte-Pélagie. Ici mes compagnons de prison n'étaient que des criminels ; on m'avait logée dans une vaste salle qui avait été habitée avant moi par trois ou quatre cents lapins, elle était malpropre et infecte. Il y avait certainement là place pour une quarantaine de lits : dans un coin était un mauvais grabat à roulettes, avec deux vieilles chaises, une table sale et non moins vieille, une chandelle dans un chandelier, des chenets, des pelles et pincettes, et une cheminée où on aurait pu faire rôtir un bœuf tout entier : là brûlait un grand feu dont l'aspect était consolant. Pendant tout le temps que je passai dans cette prison, on ne me refusa jamais du feu, parce qu'on brûlait les portes, les barrières et les poteaux qui se trouvaient dans les bois et les parcs autour de Versailles.

Je fus alors visitée et interrogée par le député qui dirigeait le département de Seine-et-Oise : il était la terreur de tout le monde ; je fus assez heureuse pour ne pas lui déplaire dans notre conversation, et même dans la suite je le trouvai disposé à me traiter mieux que les autres prisonniers.

J'étais très ennuyée d'avoir dans une chambre voisine de la mienne un pauvre juif qui devait être exécuté le lendemain, pour avoir assassiné et volé un fermier, à Rambouillet : il se livrait à d'effroyables lamentations et pleurait toute la nuit, ce qui faisait mon désespoir. Je lui parlai le matin de bonne heure par ma fenêtre grillée, l'exhortant à demander à Dieu son pardon et à supporter son châtiment avec résignation. Je lui dis que je serais bientôt moi-même dans une pareille situation, et que, quoiqu'innocente de tout crime méritant la mort, je ne me plaindrais pas comme il le faisait. La charrette vint le prendre à onze heures du matin, il avoua son crime, et mourut en montrant un grand repentir.

Cet événement et ma triste position me jetèrent dans un tel accès nerveux toute la journée que je ne reconnaissais plus personne, et que je ne pus pas même avaler un morceau de pain, quoique je comprisse bien qu'avec de l'argent dans ma poche je pourrais me procurer tout ce que je voudrais. Vers huit heures du soir, je pleurais, assise auprès du feu, lorsque le geôlier et sa femme entrèrent dans la chambre avec un lit pareil au mien. Ils étaient obligeants pour moi et me dirent qu'ils étaient heureux de m'annoncer que j'allais avoir un compagnon. Je demandai lequel. « C'est, me dirent-ils, un vieillard fort âgé, qui est Anglais. » Je fus choquée en pensant que j'allais avoir un homme pour compagnon.

Pourtant, à l'arrivée du prisonnier, je reconnus que c'était le vieux docteur Gem[2], médecin anglais établi en France depuis quarante ans et qui en avait quatre-vingts. Je vis avec grand chagrin un homme de son âge entrer dans un aussi pitoyable logement : il fut lui-même surpris et désolé de me trouver là, parce qu'il avait entendu dire que mon sort allait être bientôt décidé. Il savait qu'il ne risquait pas d'être mis à mort, parce que c'était un philosophe, et je regrette de le dire, un athée. Il paraissait vouloir m'entretenir beaucoup de ces sujets, mais je le priai toujours de me laisser dans ce qu'il appelait mon ignorance, la religion étant ma seule consolation au milieu des scènes effroyables que je traversais : c'est elle qui me soutint jusqu'à la fin, pendant que lui, pauvre homme ! était dans le désespoir de se trouver séparé du monde et de toutes ses habitudes.

J'essayais de le distraire et de le faire rire, mais alors il fondait en larmes en me disant : « Vous paraissez heureuse et contente, pendant que, d'ici à peu de jours probablement, vous mourrez sur l'échafaud, et moi, misérable vieillard, je regrette mes aises et un chétif bien-être ! » Je faisais son lit, je nettoyais son côté de la chambre, je lui lavais la figure et les mains et je raccommodais ses bas. Enfin je faisais pour lui ce que son grand âge et sa faiblesse ne lui permettaient pas de faire.

À cette époque, on nous permit de garder les chandelles allumées jusqu'à dix heures ; c'est alors qu'on fermait la prison. Mon vieil ami se couchait à sept heures, et je restais à travailler jusqu'à dix. Il se levait à quatre heures, découvrait le feu, allumait une chandelle et lisait Locke et Helvétius jusqu'à sept heures. Il venait alors à mon lit, m'éveillait et souvent interrompait un rêve heureux qui m'avait conduite en Angleterre auprès de mes amis, pour me replonger dans une affreuse prison, attendant mon arrêt de mort chaque fois que la porte s'ouvrait.

Mon vieil ami m'effrayait quelquefois, je craignais qu'il ne mourût la nuit, car le geôlier demeurait à l'extrémité de la cour. Nous étions enfermés à triple tour, avec des criminels tout près de nous. Quand Battelier[3] vint (c'était le nom du député), je lui fis demander une audience. Je lui dis, devant tout le comité de Versailles, que ce pauvre vieillard courait le risque de mourir subitement et je le priai de le faire transférer dans une autre prison, parce que je n'avais pas assez de force pour soutenir un homme aussi grand, quand il avait des accès de défaillance. J'ajoutai que c'était une cruauté de me laisser seule avec lui, et qu'ils devraient lui permettre d'avoir son vieux valet de chambre pour le soigner. « Comme il est républicain, dis-je, je ne peux pas comprendre pourquoi on ne lui permet pas de rester chez lui avec un garde qu'il ne refuserait pas de payer. »

Le député dit qu'il était de mon avis et que le lendemain le vieux docteur quitterait la prison et serait confiné chez lui à Meudon. Je ne fus jamais si heureuse qu'en apportant ces bonnes nouvelles à mon vieil ami.

Après l'audience on me ramena dans ma chambre où je trouvai le pauvre docteur dans son lit, profondément endormi ; je m'assis près de lui, je le veillai, alors au bout de dix minutes il cessa de dormir, et je lui fis part de mes bonnes nouvelles. Il fut enchanté de s'en aller chez lui, mais réellement désolé à mon sujet : je lui avais procuré la liberté, et la seule que je pusse espérer, je ne pouvais l'obtenir que sur l'échafaud. Nous pleurâmes beaucoup en nous séparant : il ne s'attendait pas à me revoir jamais ; nous vécûmes pourtant assez tous deux pour nous retrouver, et je le vis la veille de sa mort. Il était plein d'égards et d'affection pour moi depuis le commencement de notre séjour en prison, et, lorsque j'en fus sortie, il faisait chaque jour un mille pour me voir. Ce vieillard, très connu, je crois, dans le monde littéraire, par quelques écrits, était le grand-oncle de M. Huskisson, sous-secrétaire d'État.

Je me trouvai seule encore une fois, mais pour très peu de temps : la terreur se répandait avec tant de rapidité que la prison fut bientôt pleine d'infortunés royalistes, et nous fûmes alors privés de toute espèce de ressources. On nous prit le peu d'argent que nous avions, ainsi que le couvert d'argent dont je me servais. Chose étrange ! je les retrouvai deux ans après, car les geôliers, qui nous les avaient retirés, nous avaient donné en échange un numéro, en nous disant que nos affaires allaient être envoyées à l'Hôtel de Ville sous ce numéro. Après ma sortie de prison, je regardais un jour quelques papiers, et j'y trouvai mon numéro, qui était 79. Ma femme de chambre s'offrit de le porter à l'Hôtel de Ville. À la vue du numéro, on chercha parmi beaucoup d'objets entassés, et on lui donna mon couvert, mon argent, un dé, des ciseaux, un couteau et d'autres objets qui m'avaient appartenu. J'en fus, je l'avoue, fort étonnée.

Nous étions donc privés de tout bien-être, nourris que nous étions par la nation. Le geôlier touchait environ huit pences anglais par jour pour notre nourriture, et Dieu sait qu'il n'en dépensait pas même six. Notre ordinaire consistait en haricots bouillis, tantôt chauds, tantôt froids : chauds, ils étaient accommodés au beurre rance, froids, avec de l'huile commune ; nous avions aussi des œufs arrangés de diverses manières. Un des plats qu'on nous servait le plus souvent, c'était des harengs tout crus ; on nous en donnait beaucoup, parce que les Hollandais en avaient envoyé une quantité à Paris, pour acquitter une partie d'une dette qu'ils avaient envers la République. Parfois nous avions ce qu'on appelait de la soupe et du bouilli, mais nous étions toujours malades après en avoir mangé. Quelques prisonniers pensaient que c'était de la chair humaine qu'on nous apportait, mais réellement je crois que c'était du cheval, de l'âne ou de la vache crevée. En somme, le plus pauvre mendiant en Angleterre n'aurait pas voulu manger ce qu'on nous servait. Nous n'avions que du pain d'orge dégoûtant qui nous prenait à la gorge ; j'en souffrais extrêmement à cette époque et je ne pus rien avaler pendant trois jours. Je ne pouvais avoir ni gargarisme, ni boissons adoucissantes, ni même une goutte d'eau propre pour me rafraîchir la bouche, malgré une fièvre violente. Il faut avoir été dans la position où je me trouvais pour se faire une idée de mes souffrances : j'implorais ardemment la mort. Quoique couchée sur un sale et misérable grabat, il me semblait que tout valait mieux que de périr de la main du bourreau et de servir de spectacle à l'affreuse populace, qui suivait les victimes jusqu'à l'échafaud.

Je fus désolée de voir que sans secours et sans soins ma gorge allait mieux, et enfin je revins à une santé parfaite. Pendant ma maladie, mes compagnes de prison se montrèrent pleines d'attention et se privèrent même pour moi du peu d'eau qu'elles purent économiser.

Le malheur commun avait fait de nous des amies sincères et même romanesques, et nous étions toujours prêtes à mourir les unes pour les autres. Le geôlier nous donnait le matin à chacune une bouteille d'eau sale, qui devait nous suffire pour toute la journée, parce qu'il ne voulait pas se donner la peine de la remplir une seconde fois. Quelquefois nous obtenions un peu d'eau-de-vie du porte-clefs, qui avait toujours dans sa poche une bouteille de cuir et nous en offrait souvent une goutte. Quoique très mauvaise, elle m'était fort utile, car je m'en servais pour me laver la bouche, et j'étais du petit nombre des prisonniers qui ne souffraient pas des dents et ne les perdaient pas, malgré l'humidité des chambres qui étaient fort grandes. On avait renvoyé le geôlier que j'avais trouvé en arrivant et il avait été remplacé par un septembriseur. Depuis cette époque, notre vie ne fut plus qu'une longue agonie ; une fois ou deux je demandai à ce geôlier un peu d'eau chaude pour me laver. « Cela n'a pas le sens commun, m'avait-il répondu, rien ne peut vous sauver des mains du bourreau, et comme elles sont fort sales, vous n'avez pas besoin de vous laver. »

Un jour je fus affreusement impressionnée en entrant chez le geôlier, où nous allions souvent quand nous avions besoin de quelque chose. Il était assis à table à boire avec un élégant et beau jeune homme ; il me dit de m'asseoir et de boire un verre avec eux ; je n'osai pas refuser :

« Maintenant, dit le jeune homme en regardant à sa montre, il faut que je m'en aille.

– Non, répondit le geôlier, votre besogne ne commence qu'à midi. »

Je regardai le jeune homme et le geôlier me dit :

« Vous devez vous faire un ami de ce citoyen : c'est le jeune Samson[4], l'exécuteur, et peut-être sera-t-il chargé de vous décapiter. »

Je me sentis défaillir, surtout quand le bourreau me prit le cou en disant :

« Ce sera bientôt fait, il est si long et si mince ! Si c'est moi qui dois vous expédier, vous ne vous en apercevrez même pas. »

Il allait en ce moment exécuter un pauvre prisonnier

vendéen sur la place du marché de Versailles. On emmenait beaucoup de nos camarades de prison à Paris pour être jugés par le tribunal révolutionnaire, et ils étaient tous exécutés. J'espérais beaucoup pouvoir rester longtemps à Versailles.

Le 26 octobre nous arriva la nouvelle de l'exécution de la pauvre reine : rien ne pouvait plus nous surprendre, car nous ne voyions plus autour de nous que des horreurs. Nous apprîmes avec admiration la grandeur d'âme et le courage de la reine et nous résolûmes d'essayer d'imiter un si haut et si grand exemple. Tous enviaient son sort, comme on enviait celui de toutes les victimes dont l'exécution était accomplie, car il y avait quelque chose de hideux à être traîné à l'échafaud à travers les insultes de la populace.

Notes

1. Milon, plutôt que « Milor », et sa femme, la Bigottini, figuraient seulement dans les chœurs de la danse de l'Opéra ; ils habitaient au 170 du faubourg Saint-Martin.

2. Le docteur Gem, médecin de l'ambassade d'Angleterre à Paris (cf. n. 10, chap. III), et grand-oncle d'Huskisson, secrétaire de l'ambassadeur Lord Gower, résidait effectivement à Meudon en 1793.

3. Jean-César Battelier (1757-1808), Conventionnel, député de la Meuse et non de la Seine-et-Oise.

4. Il s'agit sans doute de Henri Sanson (1767-1840), le bourreau qui exécuta Marie-Antoinette, mais aussi Robespierre et Saint-Just.

Chapitre VIII

Mort du duc d'Orléans. – Tristes réflexions sur cet événement. – On ne trouve rien qui me concerne dans ses papiers. – Le député Crasseau. – Sa brutalité. – Je suis emprisonnée dans les écuries de la Reine. – Les prisonniers de Nantes. – Ils sont menés à Paris. – On les insulte en route. – Le général Hoche. – Madame de Beauharnais. – Madame de Custines. – Le marquis de Beauharnais est envoyé dans la même prison. – Cruelle séparation du comte de Custines et de sa femme. – Le règne de la Terreur. – Santerre. – Je suis remise en liberté.

Le 5 novembre j'appris la mort de l'infortuné duc d'Orléans : inutile de dire les sentiments que j'éprouvai dans cette circonstance. J'ignorais qu'il eût quitté Marseille pour Paris, lorsque la nouvelle de sa mort m'arriva. Il montra un grand courage en mourant ; on le jugea, condamna et exécuta dans l'espace de deux heures. Un de mes domestiques rencontra par hasard dans la rue du Roule près du Pont-Neuf, la charrette sur laquelle il était placé : il savait que cette charrette contenait des condamnés, mais il pensa mourir d'horreur en y reconnaissant le duc d'Orléans. Mon pauvre domestique, quoique défaillant, se décida à le suivre jusqu'à l'échafaud. Il y avait peu de foule sur le chemin : le peuple commença seulement à s'assembler quand la charrette arriva devant le Palais-Royal, l'habitation du duc ; jusque-là personne n'avait la moindre idée que le duc eût été jugé. On l'arrêta dix minutes sous ses propres fenêtres. Il avait l'air très grave, me dit ensuite mon domestique, comme autrefois lorsqu'il paraissait en public pour une cérémonie. Il était très poudré et avait fort bonne mine : ses mains étaient liées derrière le dos et son habit était jeté sur ses épaules ; cet habit était gris avec un collet noir. Quand la charrette quitta le Palais-Royal, le duc regarda la foule avec une sorte d'indignation, son visage ne s'altéra nullement et il tint la tête haute jusqu'au tournant de la place Louis XV ; alors il vit l'échafaud devant lui, et mon domestique me dit qu'il devint très pâle, mais sa tête resta toujours haute et ferme.

Dans la même charrette se trouvaient trois autres prisonniers : madame de Colly[1], très jolie femme d'un fermier général, un homme du nom de Coustard, député à la Convention, mais du parti de la Gironde, et un serrurier nommé Brouce qui avait fait une clef pour sauver des papiers. Il était à peu près quatre heures, quand la charrette s'arrêta devant l'échafaud, et il faisait presque nuit.

Le prince monta rapidement l'échelle, jeta un regard sur la foule autour de lui, aida l'exécuteur à défaire sa cravate, ne prononça pas une parole et ne fit pas la moindre résistance. Ils élevèrent ensuite sa tête pour la montrer à la multitude.

Ainsi finit la vie d'un homme qui ne sera jamais oublié, et dont le dernier crime fut tel que son nom ne sera jamais prononcé qu'avec horreur. J'ose à peine dire qu'il avait de très aimables qualités et que son affreuse destinée fut l'ouvrage d'une faction d'ambitieux. Comme je l'ai déjà fait observer, ils le laissèrent tomber entre des mains pires que les leurs, et malheureusement la cour ne lui fournit jamais la moindre chance de s'en débarrasser. Je pourrais en dire long à cet égard, mais on ne me croirait pas, et ce sujet est toujours désolant pour moi.

Au commencement de décembre, ce fut au pauvre duc de Biron de mourir à son tour, environ un mois après l'exécution du duc d'Orléans. On m'a dit qu'il avait paru très affecté de son malheur et qu'il avait montré quelque faiblesse à ses derniers moments.

Quand on brisa les scellés posés sur les papiers du duc d'Orléans, peu de temps après sa mort, je fus étroitement confinée dans un cachot, sans qu'il me fût permis d'avoir aucun rapport avec les autres prisonniers. À cette époque, un député nommé Crasseau[2] vint me trouver à la tête du comité de Versailles ; il était l'intime ami de Robespierre et possédait de grands pouvoirs. Il visita notre prison, trouva que j'étalais un luxe insolent, que j'étais trop parfumée et que, d'après cela, je devais être royaliste.

« Je l'étais certainement, lui dis-je, sans cela je ne serais pas en prison.

– Si vous l'êtes, me répondit-il, vous irez rejoindre vos amis au cimetière de la Madeleine ; c'est le seul séjour qui convienne aux royalistes. »

Je lui dis que j'avais bien souvent désiré d'y être ou partout ailleurs, pour être délivrée de mes misères.

« J'aurai soin que vos souhaits soient bientôt accomplis, dit-il ; c'est une négligence impardonnable à l'autre député, ajouta-t-il, de ne vous avoir pas envoyée plus tôt au tribunal révolutionnaire, mais je vous ferai rendre justice, puisque vous vous avouez royaliste.

– Vous n'avez jamais pu en douter, lui dis-je, sans cela je n'aurais pas été traitée avec tant de cruauté ; je ne pense pas que vous emprisonniez les républicains ; mais je vous assure que, si je l'avais été, j'aurais fini par détester la République et fait mille fois des vœux pour sa chute, vu tout le mal qu'elle m'a causé. »

Il devint furieux, il me dit que j'irais à Paris, que je méritais qu'il m'y envoyât à l'instant, que mon nom était noté au Comité de salut public, que je serais bientôt menée à la guillotine, parce que j'avais été un des agents de d'Orléans pour l'Angleterre, que j'avais voulu faire roi de France un prince anglais ou d'Orléans lui-même. Il ajouta qu'il n'ignorait pas que j'avais correspondu avec le prince de Galles et que je n'étais bonne qu'à être mise à la gueule d'un canon.

Enfin, six semaines après, je fus encore changée de prison, à mon grand chagrin, et transférée, à neuf heures du soir, au moment où j'allais me mettre au lit, dans les écuries de la feue reine. On venait d'y entasser beaucoup de malheureux Nantais qui étaient en route pour être jugés à Paris. Ils étaient arrivés de Nantes à pied, malades et dans le plus misérable état, quelques-uns étaient morts sur la route, sans doute de maladies gagnées dans les prisons. Je m'étonne qu'après une nuit passée sur la même paille qu'eux dans l'écurie, et quoiqu'ils fussent couverts de vermine, je n'ai pris d'eux aucune saleté. J'attribue cela à un sachet très parfumé que je portais toujours dans mon corset, et qui avait fait dire à ce monstre de Crasseau que j'abusais du luxe.

Le lendemain du jour où je quittai les Récollets pour les Écuries de la reine, une charrette couverte comme un chariot de bagage, avec de fortes barres de fer à l'extrémité, fut amenée dans la cour. Elle était remplie de paille et on nous y entassa autant que nous pouvions tenir ; d'autres voitures arrivèrent ensuite pour le reste des prisonniers qui étaient plus de quarante, j'étais seule des prisons de Versailles. Tous, excepté moi, furent menés à la Conciergerie ; pour moi, on me déposa à la Grue de Plessis, une horrible prison, mais où il ne se trouva pas de place. On m'envoya donc le lendemain aux Carmes de la rue de Vaugirard, prison fameuse par les horribles massacres commis sur de pauvres vieux prêtres et l'excellent et respectable évêque d'Arras.

Je dois ajouter que dans notre trajet de Versailles à Paris la population de Sèvres furieuse nous couvrit, à travers les barreaux de notre charrette, de boue, de chats morts et de vieilles savates, en nous appelant chiens d'aristocrates. En somme, nous fûmes affreusement maltraités en chemin.

Je regrettais beaucoup d'avoir quitté les Récollets ; au moins l'air y était meilleur qu'à Paris, et on y trouvait une foule de très braves gens, tels que de pauvres fermiers et de vieux laboureurs qui n'avaient pu s'habituer à la République, et qui dans leurs villages avaient exprimé trop franchement leur antipathie pour le nouveau système. Beaucoup de gens de cette pieuse et bonne population furent exécutés. Dans la prison se trouvaient aussi quelques nobles, mais très peu de noms connus.

En arrivant aux Carmes j'étais très fatiguée et souffrante, sale et misérable. Au greffe de la prison, je trouvai le général Hoche, qui venait d'y être amené. Je ne l'avais pas connu, je ne m'étais jusqu'alors jamais assise dans la même chambre qu'un officier républicain, et je pense que, si j'avais été libre, rien n'aurait pu me décider à faire une pareille connaissance. Il fut très aimable et très poli pour moi ; il me connaissait de vue depuis longtemps, dit-il, et il était désolé de se présenter à moi dans un pareil lieu.

« Général, lui dis-je, si vous me connaissez, vous ne devez pas être surpris de me voir ici, mais je vous assure que je suis fort étonnée de vous y rencontrer, parce que je vous croyais un des défenseurs de la Révolution.

– Je le suis en effet, me répondit-il, mais ils paraissent oublier et même persécuter leurs véritables amis ; j'espère pourtant ne pas faire un long séjour ici. On m'a cruellement calomnié. »

Il me demanda alors qui était dans la prison. Je n'en savais rien, car le greffier n'avait rien écrit depuis au moins deux heures. On apporta un affreux dîner pour Hoche et pour moi. En raison de notre cruelle position, nous devînmes les meilleurs amis du monde. En entrant en prison, Hoche et moi, nous trouvâmes beaucoup de gens de connaissance et plusieurs grandes dames qui paraissaient toutes le connaître, entre autres la duchesse d'Aiguillon, madame de Lamotte[3], madame de Beauharnais[4], maintenant madame Bonaparte, madame de Custines[5] et son mari, qui fut exécuté trois jours après notre entrée aux Carmes. J'y trouvai aussi madame de Jarnac, mon amie madame Meyler et une autre dame. Avant de nous mettre au lit, nous étions tous bons amis comme si nous avions été élevés ensemble ; notre sort était le même, car nous attendions à tout moment notre arrêt de mort. C'étaient de charmantes femmes qui supportaient leurs infortunes avec courage et bonne humeur.

Beaucoup de prisonniers, comme moi-même, n'avaient guère l'espérance de quitter la prison des Carmes que pour l'échafaud, et pourtant, malgré cette désolante perspective, je dois avouer que j'ai passé quelques moments délicieux avec ces aimables femmes, toutes pleines de talents, mais surtout avec madame de Beauharnais. C'est une des femmes les plus accomplies et les plus aimables que j'aie jamais rencontrées. Les seules petites discussions que nous avions ensemble roulaient sur la politique ; elle était ce qu'on appelait constitutionnelle au commencement de la Révolution, mais elle n'était pas le moins du monde jacobine, car personne n'a plus souffert qu'elle du règne de la Terreur et de Robespierre.

En arrivant aux Carmes, nous couchions dix-huit dans la même pièce : madame de Beauharnais, madame de Custines et moi, nous avions des lits contigus : nous les faisions souvent et nous lavions la chambre, car les autres prisonniers ne s'en donnaient guère la peine.

Deux vieux gentilshommes français et leurs femmes logeaient avec nous : c'étaient des gens pleins de vertus et de piété. Je dois dire que dans aucune des prisons on ne permit jamais aux hommes non mariés de passer la nuit du même côté de la maison que les femmes. Ceux qui avaient des parents parmi elles avaient la permission de venir les voir une heure ou deux par jour.

Madame de Beauharnais était séparée depuis plusieurs années de son mari, le marquis Alexandre de Beauharnais : nous fûmes donc fort surprises un jour de le voir arriver parmi nous comme prisonnier. Sa femme et lui parurent assez embarrassés de cette circonstance, mais en peu d'heures ils furent complètement réconciliés. On leur donna un petit cabinet avec deux lits pour y coucher. Le jour de l'entrée de Beauharnais fut fort triste pour cette charmante petite madame de Custines, car ce jour-là même son mari, très beau jeune homme, fils du général comte de Custines, fut mené au tribunal et jugé ; on l'exécuta le lendemain.

Je n'ai jamais vu une scène plus déchirante que le moment de la séparation de ce jeune couple. Je crus un moment qu'elle allait se briser la tête contre les murs : madame de Beauharnais et moi nous ne la quittâmes pas de trois jours et de trois nuits. Mais elle était jeune, pleine d'imagination, elle était française, et au bout de six semaines elle avait repris courage ; si bien que cette pauvre madame de Beauharnais, qui paraissait vraiment fort attachée à son mari, en devint très malheureuse. J'étais sa confidente et j'employai tous les moyens possibles pour persuader Beauharnais de ménager les sentiments de sa femme, qui jusque-là avait voué une amitié sincère à madame de Custines. Je suis loin de supposer que les choses aient dépassé la limite des convenances, mais certainement Beauharnais était plus amoureux que je ne le saurais dire, et la petite femme paraissait répondre assez volontiers à toutes ses attentions.

Mais, hélas ! cela ne dura pas longtemps. La Convention crut ou feignit de croire qu'il y avait une conspiration dans notre prison. Nous fûmes tous dénoncés par Barrère et on nous accusa d'avoir formé le projet de mettre le feu à la prison. Bref, l'accusation était à la fois si cruelle et si injuste, que, quand le Comité de salut public envoya prendre parmi nous cinquante prisonniers pour être jugés au sujet de la conspiration, le geôlier, qui était un affreux Jacobin, se mit à rire au nez des soldats, en disant : « Une conspiration ? mais les prisonniers, ici, sont tous paisibles comme des agneaux. » On mena pourtant ces cinquante malheureux à l'échafaud sous ce prétexte. C'étaient tous des hommes et parmi eux ce pauvre Beauharnais, le chevalier de Champcenetz[6], frère de celui que j'avais sauvé, le jeune duc de Charost, le prince de Salm[7], le général Ward[8], Irlandais au service de France, son domestique, et un jeune Anglais nommé Harrop[9], qu'on avait envoyé faire son éducation au Collège Irlandais, et que ses parents n'avaient pas réclamé. Il avait été fort imprudent et avait insulté la République en plein café, ce qui avait causé son arrestation : il n'avait que dix-huit ans. Deux autres jeunes gens, en descendant l'escalier de la prison, qui était fort raide, se prirent par la main et sautèrent en bas. Ils furent mis en pièces ; mais, comme le nombre des victimes devait être de cinquante, on prit deux autres malheureux pour le compléter.

Les adieux de Beauharnais, de sa femme et de madame de Custines furent d'une tristesse affreuse ; j'étais moi-même très affectée du sort de cet infortuné, que je connaissais depuis bien des années ; c'était l'ami intime du pauvre duc de Biron, et j'avais passé des semaines avec lui dans la même maison. C'était un homme fort agréable, quoique un peu fat. Il avait beaucoup de talents et dessinait à merveille. Il avait fait un très bon portrait de moi, qu'il donna en nous quittant à la pauvre petite madame de Custines. Sa malheureuse femme fut inconsolable pendant quelque temps, mais elle aussi était française, et son mari n'avait jamais eu beaucoup d'attentions pour elle. L'autre dame n'a jamais souri depuis la mort de M. de Beauharnais.

Tous les cinquante furent exécutés le lendemain ; ils revinrent nous dire adieu dans notre prison. Le pauvre Champcenetz montra plus de courage que son frère n'en avait eu avec moi. Je dis adieu au prince de Salm, mais sans le plaindre beaucoup ; il avait été presque jacobin. Le duc de Charost était une espèce de fou ; il descendait du grand Sully et avait épousé mademoiselle de Sully, qui était immensément riche. Nous ne voyions jamais Hoche qui, à cette époque, était étroitement renfermé dans un cachot, mais enfin on lui permit de se mêler aux autres prisonniers, et il venait souvent de notre côté. C'était un très beau jeune homme, d'un air très militaire, très gai et très galant. Son père avait été cocher particulier de Louis XVI, et lui-même avait été élevé, dès son enfance, au dépôt des gardes françaises. Je crois que c'était un excellent officier, du moins je l'ai entendu dire à Pichegru. Hoche fut mis en liberté avant la mort de Robespierre et on lui donna un commandement. À l'époque de sa sortie de prison, nous n'avions guère d'espoir d'échapper à la guillotine. Chaque jour il partait des prisonniers qu'on y menait et nous étions presque désespérés.

Un pauvre homme et sa femme, qui avaient un petit

théâtre de marionnettes aux Champs-Élysées, furent amenés dans notre prison pour avoir exposé une figure de cire de Charlotte Corday, image qui était assez bien faite. Ces pauvres gens étaient bons et honnêtes, et, quoique nous ne puissions leur être utiles en rien, ils nous rendaient tous les services qui étaient en leur pouvoir. Nous espérions que, pauvres comme ils l'étaient, ils seraient épargnés ; mais, hélas ! ils furent aussi traînés à cet horrible échafaud, et nous donnâmes à leur mort des larmes sincères. Enfin ces scènes devinrent si fréquentes et si épouvantables qu'il était impossible de vivre plus longtemps dans un pareil état de misère et d'effroi, de voir tous les jours des maris arrachés violemment des bras de leurs femmes, les enfants de ceux de leurs mères, d'entendre leurs cris de douleur et leurs transports de désespoir, enfin d'assister même à la mort des gens qui se coupaient la gorge, dès qu'ils pouvaient mettre la main sur un couteau. Telles étaient les horreurs qui se passaient aux Carmes pendant qu'on nous disait et que nous pensions que chaque jour était le dernier pour nous.

Et pourtant au milieu de toutes ces angoisses ma santé était toujours excellente et le Dieu tout-puissant ne m'abandonna jamais ; car je supportais mes malheurs avec calme et résignation ; toute ma consolation venait de la religion. Nous ne savions guère ce qui se passait hors de nos murs, et nous avions souvent peur que la populace ne pénétrât de force dans la prison pour renouveler les scènes de septembre, scènes que nous ne pouvions pas oublier, puisque les murs de notre réfectoire et même les chaises de bois étaient encore souillés du sang et de la cervelle des vieux et respectables prêtres, qui avaient été massacrés dans cette horrible journée.

J'oubliais de mentionner que le général Santerre, le même qui avait conduit le roi à l'échafaud et avait fait battre le tambour, afin que sa voix auguste ne pût être entendue de la foule, était aussi prisonnier aux Carmes. Malgré toutes les attentions qu'il eut pour moi, je ne pus jamais vivre en bonne amitié avec lui : beaucoup de nos grandes dames se lièrent intimement avec cet homme, qu'elles croyaient bon et inoffensif. Il nous affirmait à toutes, quand nous l'attaquions sur sa conduite au 21 janvier, qu'il avait l'ordre, si le roi voulait parler, de faire tirer le canon sur lui, et que c'était pour éviter une pareille extrémité qu'il avait agi comme il l'avait fait : il jurait toujours qu'il déplorait la mort du roi ; mais je ne l'ai jamais cru. Il fut délivré avant la mort de Robespierre, sans doute parce qu'il avait donné quelques bonnes bouteilles de bière au geôlier, car il était brasseur. Il nous envoyait toujours quelques provisions, et je dois dire qu'il ne manquait pas une occasion de nous être utile. À peine sorti de prison, il m'adressa une livre de thé vert, le meilleur que j'aie jamais pris, et une petite provision de sucre. Il y avait joint un pâté, mais il plut trop au geôlier pour qu'il nous permît d'en goûter.

Je fus très ingrate envers Santerre, car je ne le revis qu'une fois après ma mise en liberté ; c'était en sortant de l'Opéra. J'avais honte qu'on me vît lui parler, quoiqu'il fréquentât plusieurs des dames qui avaient été aux Carmes et auxquelles il avait vraiment rendu service en obtenant, plus vite qu'on n'aurait pu l'espérer, leur mise en liberté après la mort de Robespierre.

Il disait n'avoir jamais parlé au duc d'Orléans jusqu'après la mort du roi : je le crois facilement, car le duc m'avait souvent assuré qu'il n'avait jamais dit un mot à Santerre, quoiqu'il passât pour un de ses principaux agents.

Ici finit le manuscrit.

Cette suite de la vie de madame Elliott a été ajoutée par l'éditeur anglais.

Après une captivité de dix-huit mois, en différents endroits, madame Elliott fut enfin rendue à la liberté. Elle avait vécu, pendant sa prison, de harengs saurs, à raison de quatre sous par jour, avec une bouteille d'eau pour tous les usages. Sa captivité avait été partagée, en dernier lieu, outre madame de Beauharnais, par une femme célèbre, madame de Fontenay, qui devint madame Tallien. Toutes trois échappèrent à la mort par miracle, car l'ordre de les exécuter avait été donné, et on leur avait même coupé les cheveux le jour où la France fut délivrée par la Providence de ce monstre de Robespierre. À sa sortie de prison, madame Elliott fit venir un agent d'affaires, prit avec lui des arrangements qui lui permirent de payer et de renvoyer ses domestiques, vendit sa maison de Paris au général Murat, depuis roi de Naples, et prit une maison de campagne à Meudon. C'est là qu'elle s'établit, vivant des débris de sa fortune et se mêlant à la société la plus distinguée de Paris pendant le Consulat et l'Empire.

Après la Révolution, les lois de la France exigeaient que tous les étrangers qui y résidaient adoptassent un enfant né dans ce pays pour héritier de leurs biens. Madame Elliott choisit en conséquence la fille d'un groom anglais des écuries du duc d'Orléans. Cette jeune fille, dont elle fit l'éducation, avait un talent remarquable pour la musique ; à la mort de madame Elliott, elle hérita de tous ses biens.

Madame Dalrymple Elliott se plaisait à conter, sur le grand homme qui a rempli le monde du bruit de ses conquêtes, une foule d'anecdotes de l'époque où il était comparativement peu connu. Elle avait même reçu de lui une offre de mariage qu'elle avait refusée.

Un jour qu'elle était venue à Paris et qu'elle faisait une visite à madame de Beauharnais, elle la trouva entre les mains de son coiffeur ; sur le sofa était étendu un magnifique costume bleu et argent. En le remarquant avec admiration, madame Elliott s'écria :

« Dieu ! la charmante toilette ! Mais, dites-moi, chère, où voulez-vous donc aller avec une si brillante parure ?

– Oh ! attendez un instant, répliqua madame de Beauharnais, qui parlait assez bien l'anglais, attendez que le coiffeur soit parti, et je vous dirai ce que c'est. Regardez cet habit, il est de votre pays. »

Elle raconta alors à madame Elliott qu'elle s'était mariée le matin même à la municipalité avec le général Bonaparte et qu'il avait obtenu le commandement de l'armée d'Italie. Elle n'avait aucune affection pour lui, ajouta-t-elle, mais Barras lui avait conseillé de l'accepter.

« Comment, lui dit madame Elliott, avez-vous pu épouser un homme qui porte un nom si inconnu ?

– J'ai pensé, répondit-elle, qu'il pourrait être utile à mes enfants. Je vais dîner tout à l'heure au Directoire et je ferai une partie du chemin avec Bonaparte. »

Madame Elliott ne la revit plus jusqu'à ce que Bonaparte devînt premier consul ; elle alla alors aux Tuileries. Le premier Consul, on le sait, aimait beaucoup les enfants : cette fois madame Bonaparte appela son attention sur quelques beaux enfants qui se promenaient dans le jardin des Tuileries. Il demanda qui ils étaient ?

« Ce sont, lui répondit-on, les enfants d'un Anglais, M. Clarke.

– Anglais ! s'écria-t-il avec amertume ; je voudrais que la terre pût s'ouvrir et les engloutir !

– Mais, général, dit madame Elliott, ce n'est pas galant pour moi.

– Oh ! répondit Bonaparte, je ne vous considère pas comme Anglaise, vous êtes Écossaise.

– Moi ! répliqua-t-elle ; je suis plus fière d'être Anglaise, que de tout au monde. »

Bonaparte ne pouvait souffrir de voir les femmes avec les épaules découvertes, comme c'était la mode à Paris dans ce temps-là ! « Faites un bon feu, disait-il, je suis sûr que ces dames doivent mourir de froid. »

Après la conquête de l'Italie, Barras, qui avait eu vent d'une trame ourdie contre madame Bonaparte pour lui nuire dans l'esprit de son mari, l'engagea à quitter Paris sur-le-champ et à aller le rejoindre, en lui assurant que madame Lœtitia, mère du général (qui avait hautement désapprouvé son mariage avec madame de Beauharnais), était partie pour circonvenir Bonaparte, poussée par les auteurs de ce complot. Elle se rendit immédiatement à ses raisons et, heureusement pour elle, arriva au camp avant la mère du général, ce qui prévint et dissipa l'effet de ses discours.

À l'époque de la signature du traité de paix à Amiens en 1801, lord Malmesbury, le plénipotentiaire anglais, rencontra dans le monde madame Elliott, et l'engagea à revenir avec lui en Angleterre. Elle profita de cette occasion en voyageant sous le nom supposé de madame de Saint-Maur. Pendant quelque temps elle demeura à Brompton, chez une madame Naylor, où un logement avait été retenu, pour elle et sur sa demande, par sa femme de chambre, madame Larue. Ce fut pendant ce séjour à Brompton qu'étant une fois sortie avec madame Naylor pour courir les boutiques, son attention fut attirée par une chaise de poste à quatre chevaux ; un homme qui était dans cette voiture avait la tête à la portière et la regardait fixement et avec la plus grande attention. Elle reconnut bientôt dans le voyageur l'honorable Charles Wyndham, frère de lord Egremont. On sut depuis qu'il allait à Brighton pour une réunion dont le prince de Galles devait faire partie au Pavillon, où demeurait alors le comte d'Egremont, et qui devint ensuite la propriété du prince.

À son arrivée, tout le monde étant réuni, M. Wyndham piqua fortement la curiosité en parlant de la personne qu'il avait rencontrée en chemin, qui était une dame connue de tous et à laquelle, comme nous l'avons dit, le prince portait le plus vif intérêt. « Quelle était cette dame ? Qu'en pensez-vous ? » dit-il.

Lorsque leur curiosité fut excitée au suprême degré : « C'est une résurrection, ajouta-t-il ; c'est madame Elliott, plus belle que jamais. »

Le prince fut ravi de cette nouvelle, et partant pour Londres la nuit même, il lui écrivit la lettre la plus affectueuse en la priant de venir le voir. Elle se rendit en conséquence à Carlton-House, dans une toilette fort simple, fut reçue par le prince de la manière la plus tendre, et leur ancienne amitié se renoua.

Madame Elliott resta en Angleterre jusqu'en 1814, époque de la restauration de la famille des Bourbons sur le trône de France. La personne, dont l'obligeance nous a valu les détails consignés ici, passa avec elle tout le temps de son séjour en Angleterre, de 1801 à 1814 ; elle l'accompagna ensuite à Paris et y resta avec elle deux mois et demi. Les souffrances et les privations éprouvées par madame Elliott pendant son injuste captivité avaient cruellement altéré sa constitution ; sa santé fut longtemps mauvaise, et la noble dame à laquelle nous faisons allusion lui prodigua pendant six mois les soins les plus tendres.

Madame Elliott revint à Paris en même temps que la famille royale de France, dont la rentrée fut accompagnée de bien amers souvenirs. Ce fut avec chagrin et en versant des larmes que la pauvre duchesse d'Angoulême envisagea cet événement : sa vie en effet n'avait été qu'une suite de poignantes douleurs. Le duc de Bourbon se montra aussi profondément triste en cette occasion. Sa vie avait été tranquille en Angleterre et il regrettait de la quitter. « Que vais-je faire en France, disait-il, sinon rencontrer les meurtriers de mon fils ? »

Madame Elliott eut la satisfaction de voir le marquis de Champcenetz, dont elle avait sauvé la vie à ses risques et périls, rétabli comme gouverneur des Tuileries.

Nous avons parlé de sa beauté remarquable. Lady Charlotte Bentinck, sa fille, qui avait toujours eu beaucoup d'affection pour elle, disait souvent qu'en regardant dans la salle de l'Opéra la réunion des plus célèbres beautés de Londres, elle n'en voyait pas une seule comparable à sa mère pour la beauté du visage et l'élégance des manières.

Le feu duc de Cambridge, passant un jour par Edgeware-Road, remarqua une voiture sur les panneaux de laquelle étaient écartelées les armes royales d'Angleterre ; il prit des informations à cet égard. Il alla ensuite à Carlton-House, et raconta ce qu'il avait appris ; là-dessus le prince de Galles envoya défendre que ses armes fussent ainsi écartelées. Il fallait, pour trouver un précédent, remonter au temps du joyeux monarque Charles II.

La vie de cette femme si charmante et si admirée qui fut l'idole des princes et de la noblesse de son pays, la courageuse et charitable compagne des victimes de la Révolution française, qui fut aussi douce aux paysans que dévouée aux grands personnages que le niveau de la Terreur groupa autour d'elle, qui passa deux années de sa jeunesse dans l'abandon, la misère et la crainte de l'échafaud, sans jamais perdre sa gaieté, son courage et sa confiance en Dieu, cette vie agitée d'abord et toujours accidentée se termina tranquillement à Ville-d'Avray. Madame Elliott avait assisté avec la plus profonde douleur au renversement de la monarchie française et au meurtre cruel de Louis XVI ; heureusement elle ne vécut pas assez longtemps pour voir les nouveaux troubles de la France, et assister, en 1830, à l'expulsion de la branche aînée des Bourbons.

FIN

NOTE. Selon l'acte de décès : « Du 16 mai 1823, six heures du soir. Acte de décès de dame Georgette née d'Alrymple en Ecosse, veuve Eliotte, âgée de 63 ans, décédée d'hier 6 heures du soir, en la demeure de M. Dupuis, maire de Ville d'Avray où ladite dame résidait depuis deux ans. »

NOTES

1. Joséphine de Rabec, femme du fermier général Paul-Pierre Kolly, avait été condamnée à mort avec son époux le 2 mai 1793 ; en fait, elle sera guillotinée le 18 novembre 1793. Le serrurier Brousse et le député Girondin André-Pierre Coustard de Massy (1734-1793) furent, eux, exécutés le même jour que Philippe-Egalité.

2. En fait, Jean-Augustin Crassous de Medeuil (1755-1829), député Montagnard, dernier président du club des Jacobins.

3. Mme de Lamotte est en fait Mme de Lameth, née Anne-Marie Picot, qui épousa en 1784, le comte Charles de Lameth (1757-1832).

4. Joséphine de Beauharnais (1763-1814), la future impératrice, était, depuis 1779, l'épouse du vicomte Alexandre de Beauharnais (1760-1794).

5. Delphine de Sabran était la femme d'Armand de Custine (1760-1794), aide de camp de son père, le général Adam de Custine, aux armées du Rhin et du Nord. En vérité, Armand de Custine ne fut pas

incarcéré aux Carmes mais à la Force, puis exécuté le 3 janvier 1794 ; sa femme ne sera arrêtée que le 20 février 1794.

6. Louis-René de Champcenetz (1760-1794), publiciste plein d'esprit, demi-frère du gouverneur des Tuileries (cf. chap. III).

7. Frédéric III, prince de Salm-Kirbourg (1746-1794).

8. Thomas Ward (1749-1794), général de Brigade.

9. Cet Harrop était en fait négociant et avait 32 ans.

L'Anglaise et le duc

Un film d'Éric Rohmer

D'après *Ma vie sous la Révolution* de Grace Elliott
avec :

Jean-Claude Dreyfus
Lucy Russel
Alain Libolt
Léonard Cobiant
Charlotte Véry
Rosette
François Marthouret

Images : Diane Baratier
Son : Pascal Ribier
Montage : Mary Stephen
Décors : Jean-Baptiste Marot (extérieurs)
Antoine Fontaine (intérieurs)
Costumes : Pierre-Jean Larroque
Effets spéciaux : Pierre Buffin

Une coproduction Pathé Image-CER-FR 3 Cinéma
(sortie le 7 septembre 2001. Durée : 2 h 05)

Table des matières

Achevé d'imprimer en juillet 2001
sur les presses de l'imprimerie France Quercy à Cahors
pour le compte des Éditions de Paris.

N° d'impression : 11 803 FF
Dépôt légal : août 2001.